Andreas Rapp (Hrsg.)
mit Gladys Staines
Sie starben für Jesus

W0012118

eie Christengemeinde
Regensburger Str. 25 a
85 Ingolstadt
Tel. 08424/885094
E-Mail: juergen.weingart
Gottesdienst Sonn

Dem indischen Volk gewidmet

Die indischen Autoren der Kapitel 4 bis 10:

◆ Vishal Mangalwadi ◆ Vijay Martis
◆ M. B. Desai ◆ Babu K. Verghese ◆ Radha Samuel

Der Herausgeber

Andreas Rapp ist neben seiner Tätigkeit als Pastor und Gemeindeberater seit 1989 für (und oft auch in) Indien engagiert. Neben einem Waisenhaus- und Klinikprojekt investiert er sich in Leiterschulung und Gemeindeaufbau. Dies tut er in Zusammenarbeit mit mehreren indischen Organisationen. Dabei schätzt er die opferbereite Mitarbeit vieler Menschen hier in Europa. Er ist verheiratet und hat vier Kinder, die er als erstes für die schwierigen Lebensverhältnisse der Menschen in vielen anderen Ländern sensibilisieren möchte.

Andreas Rapp (Hrsg.)
mit Gladys Staines

Sie starben
für Jesus

Brunnen Verlag · Basel und Gießen

ABCteam-Bücher erscheinen in folgenden Verlagen:

Aussaat Verlag Neukirchen-Vluyn
R. Brockhaus Verlag Wuppertal
Brunnen Verlag Basel und Gießen
Christliches Verlagshaus Stuttgart
Oncken Verlag Wuppertal und Kassel

Die Deutsche Bibliothek – CIP-Einheitsaufnahme

Sie starben für Jesus / Hrsg.: Andreas Rapp. – Basel :
Brunnen-Verl., 2000 Einheitssacht.: Burnt alive <dt.>
ISBN 3-7655-3679-2

Titel der indischen Originalausgabe:
Burnt Alive – The Staines and the God they loved,
erschienen bei GLS Publishing,
Mumbai, Indien

© 1999 by GLS Publishing

Aus dem Englischen von Jakob Fuhrmann

Die Bibelstellen am Ende der Kapitel sind der Übersetzung
«Hoffnung für alle» entnommen, die Bibelzitate im Text der
Lutherbibel von 1984.

© 2000 by Brunnen Verlag Basel

Umschlag: Michael Basler, Mediafarm, Basel
Fotos Cover: Thomas Dix, Grenzach-Wyhlen, und
GLS Publishing, Mumbai, Indien
Fotos Innenteil: GLS Publishing, Mumbai, Indien
Satz: Bertschi & Messmer, Basel
Druck: Ebner Ulm
Printed in Germany

ISBN 3-7655-3679-2

Inhalt

«Jemand, der jahrelang
für Leprapatienten gesorgt hat,
verdient Dank und Anerkennung als Vorbild.
Daß man ihn statt dessen
auf diese Weise umbringt,
ist eine monumentale Abweichung
von den Traditionen der Toleranz
und der Menschlichkeit,
für die Indien bekannt ist.
Ein Verbrechen, das zu den schwärzesten
Taten der Welt gehört.»

K. R. Narayanan, Präsident von Indien

Einführung

1. Indien 2000 – ein Land im Umbruch

von Andreas Rapp

Flug EK004 von Frankfurt über Dubai nach Bombay. Das Schicksal in Gestalt einer freundlichen, aber bestimmten Dame am Abfertigungsschalter («Nein, wir haben bestimmt keinen Gangplatz mehr für Sie frei!») läßt mich zwischen zwei jüngeren Frauen zu sitzen kommen. Die eine, knapp über zwanzig, möchte für einige Monate ein Ashram von Sai Baba besuchen, dem im Westen derzeit wohl bekanntesten Guru Indiens. Sie will dort vor Beginn ihres Studiums erst noch mehr zu sich selbst finden und erhofft sich vom Hinduismus auch Antworten auf einige Lebensfragen. Nein, sie ist noch nie in Indien gewesen und findet alles sehr spannend. Außerdem sei sie abenteuerlustig. Nun, denke ich, das sind gute Voraussetzungen für dieses Land.

Die Sitznachbarin zur Rechten hingegen war schon mehrmals in Nordindien und ist von der landschaftlichen Schönheit fasziniert. Sie will jetzt in ihrem Urlaub einige neue Landstriche erkunden und damit gleichzeitig aus dem Alltags- und Berufstrott zu Hause in Deutschland ausbrechen. Meine Nachfrage, wie sie denn mit der allgegenwärtigen Armut und dem Elend der Slums zurechtkomme, findet sie etwas sonderbar. Und – nein, in Kalkutta oder anderen Großstädten sei sie noch nicht wirklich gewesen.

Beide Frauen halten zwar meinen Reisegrund, die Einweihung eines Dorfhospitals in Südindien, für recht interessant, sind aber von der dahinterstehenden christlichen Motivation eher befremdet. Mit dem Stichwort «Indien» und dem Leben dort verknüpfen sie bislang keinerlei Assoziationen an aktives Christentum. Mich selbst erinnern diese Gespräche wieder an *meine* erste Reise nach Indien. Es ist schon richtig: Unsere (westlichen) Vorstellungen und Erwartungen treffen die Wirklichkeit dieses Landes nur wenig.

Das Wort «Indien» erzeugt bei uns Deutschen und Schweizern gemeinhin ziemlich deckungsgleiche Vorstellungen und Bilder: **Schreiende Armut – faszinierende Kultur – abenteuerlich-schönes Reiseland.** Alle drei Assoziationen sind gleichermaßen zutreffend wie auch vordergründig. Indien ist eine viel umfassendere Mischung aus allen dreien – und noch viel, viel mehr. Eine Mischung, die sich dem Landesfremden oft nur langsam und durch «Zufälligkeiten» erschließt.

In jüngster Vergangenheit kam für den aufmerksameren Beobachter eine weitere Assoziation hinzu: **Christenverfolgung.** Zunehmend werden Angehörige christlicher Kirchen, aber auch Anhänger anderer nicht-hinduistischer Religionen, drangsaliert, belästigt oder, wie im vorliegenden Buch beschrieben, sogar umgebracht. Das hier geschilderte Ereignis stellt dabei eine besonders grausame Tat dar, die weltweit für (kurzes) Aufsehen sorgte.

Um die Ursachen – aber auch die möglichen Folgen – dieser schier unfaßbaren Grausamkeit zu verstehen, muß man einen genaueren Blick auf Indien werfen. Man muß verstehen, daß auch die modernsten Entwicklungen in diesem Land immer noch in archaische Denk- und Herrschaftsstrukturen eingebettet sind. Man muß vom Klischee über Indien zur Wirklichkeit hindurchdringen. Wer dabei sorgfältig hinschaut, dem wird sich eine erstaunliche Welt auftun – und ein erstaunliches Handeln Gottes.

«Sie starben für Jesus» erzählt von Einzelschicksalen unterschiedlichster Art und mit den verschiedensten Hintergründen: vom unbekannten australischen Missionar, von ausgestoßenen und hilflosen Leprakranken, von ideologisch ins Abseits geleiteten Extremisten und von politisch-gesellschaftlichen Beobachtern. Indien – das heißt im beginnenden 21. Jahrhundert mittlerweile eine Milliarde (1'000'000'000) solcher Schicksale innerhalb *eines* Landes. Allein die Zahl zeigt, daß es keine einfachen Antworten auf die sich daraus ergebenden gewaltigen Herausforderungen geben kann. Eine Milliarde Menschen, allesamt Menschen, die – wie wir im Westen – ihre Lebenserfüllung suchen, die den Ungerechtigkeiten des Lebens, in das sie hineingeboren wurden, zu entgehen suchen. Und allzu viele sind darunter, die in dem teuflischen Kreislauf von Armut, Unterdrückung, Korruption und hoffnungsloser Religion die Orientierung zu verlieren beginnen.

«Sie starben für Jesus» ist die Geschichte vom berühmten Tropfen auf dem heißen Stein. Die Geschichte *einer* Missionsstation von vielen in diesem riesigen Land. Die Geschichte, wie Gott durch Menschen, die sich ihm ganz und gar hingeben, befreiende und lebensverändernde Antworten gibt auf dieses schicksalhafte Fragen und Suchen. Mag es auch nur ein Tropfen sein – die in Kapitel 11 angeführten «Medienechos», die nur eine kleine Auswahl darstellen, zeigen auf ihre Weise, wie wichtig dieser eine Tropfen für dieses Land und seine Menschen ist. Deshalb liebe ich dieses Buch. Es zeigt, wie Gott *heute* vor unseren Augen Geschichte schreibt.

Und er tut das beileibe nicht nur in Indien! ...

Schreiende Armut – sagenhafter Reichtum

Wer – wie die meisten Touristen – zu nächtlicher Stunde in Mumbai (früher Bombay genannt) ankommt, sieht sie nicht auf Anhieb, die «pavement dwellers»: Menschen, die ihr Lager direkt neben der Straße aufgeschlagen haben, aufschlagen mußten, weil es buchstäblich keinen anderen Platz für sie gibt. Wer dann tagsüber vom Flughafen Richtung Stadtmitte fährt, der wird schnell erschlagen von den kilometerlangen kläglichen Reihen aus Wellblech- und Holzverschlägen an den Straßenrändern, vor denen hungernde und verlauste Kinder buchstäblich im Dreck sitzen. Es sind solche Bilder und Nöte, die Menschen wie Graham und Gladys Staines nach Indien treiben, um zu helfen, Not zu lindern und die befreiende Kraft des Evangeliums zu verkündigen.

Wer dann noch eine Möglichkeit hat, hinter die Wellblechfassaden zu blicken, der entdeckt ein weiteres menschenunwürdiges Bild: die Realität der «slumlords» (Slum-Beherrscher) und «moneylenders» (Geldverleiher) und anderer mafioser Strukturen skrupelloser Bosse und ihrer Handlanger, die die Not und Abhängigkeiten dieser Menschen ausnutzen und zu sagenhaftem Reichtum kommen. Einem Reichtum, der übrigens anderenorts genauso offensichtlich zum Ausdruck kommt: Es kurven viele noble Karossen in dieser Stadt herum.

Und es gibt «Bollywood», die Filmstudios mit ihren Größen. In Mumbai steht die größte Filmindustrie der Welt. Dort finden sich derselbe Glanz und Glamour, dieselbe Anziehungskraft und dieselben Extravaganzen wie im kalifornischen Pendant Hollywood. Es findet sich alles, was zu dieser Industrie dazugehört. Und das alles in Gehdistanz zu den Wellblechbaracken und den «pavement dwellers».

Faszinierende Kultur und verwirrende Verflechtungen

Es gibt kaum einen Indienreisenden, der nicht fasziniert von der kulturellen und ethnischen Vielfalt dieses riesigen Landes nach Hause zurückkehrt. Verschiedenste Volks- und Sprachgruppen, jahrhundertealte Traditionen, ausdrucksreiche, farbenfrohe Festgewohnheiten und nicht zuletzt die Fremdartigkeit der hinduistischen Religion und ihrer scheinbar kontemplativen Weltsicht üben eine einzigartige Faszination auf uns aus. Eine Faszination, der man sich nur schwer entziehen kann.

Wer aber am frühen Morgen nach «Divali» oder «Ganesha» (das sind sehr ausgelassen gefeierte, mehrtägige Feste) in eine der einfachen Hütten eines Dorfes tritt, der wird dort wahrscheinlich einen Familienvater finden, der etwas bedrückt oder auch verkatert vor seinem Hausgötzen ein Opfer darbringt, um die Götter für diesen Tag gnädig zu stimmen. Oder man sieht eine Mutter, die sich schon bei Tagesanbruch aufgemacht hat, um Feuerholz zu sammeln und Wasser zu holen, und die dann den großen Rest des Tages mit Kochen beschäftigt sein wird. Die durchschnittlich zwölf verschiedenen Gewürzarten, die ein indisches Essen so einzigartig machen, wollen nämlich erst einmal verarbeitet sein.

Geopfert wird zu fast jeder Zeit in den häufig sehr kunstvoll verzierten Tempeln, großen wie kleinen, die überall zu finden sind. In einem größeren Tempel, der wegen der Gottheit, die dort verehrt wird, auch regional bekannt ist, wird man vielleicht einem kahlgeschorenen, bunt bemalten und nur mit Lendenschurz bekleideten Priester begegnen, der die Opfergaben entgegennimmt und den Dienst verrichtet. Wer sich anschließend mit diesem Priester unterhält, wird verwundert feststellen, daß dieser so wild aussehende junge Mann den Rest des Jahres über zum Beispiel als Student der Wirtschaftswissenschaften oder der Informatik in Mumbai oder Delhi verbringt. Und daß er sich dort nicht nur auf seine zukünftige, wahrscheinlich einflußreiche Stellung in Politik oder Wirtschaft vorbereitet, sondern jetzt schon durch Börsengeschäfte seine nicht unerheblichen Einnahmen aus dem Priesterdienst noch weiter aufbessert. Das ist die «Hi-tec»-Generation im archaischen Gewand.

Abenteuerlich-schönes Reiseland,
aber auch politisch-nationales Pulverfaß

Die Beschreibungen und Bilder von der landschaftlichen Schönheit Indiens füllen Regale. Die Faszination der schlichten Schönheit weiter Landstriche und die Vielfalt der Tier- und Pflanzenwelt machen Indien zu einem äußerst sehenswerten Land. Auch nur eine halbe Stunde an einer Straßenkreuzung oder einem Marktplatz zu sitzen und dem bunten Treiben zuzusehen, vermittelt unvergeßliche Eindrücke. Vor allem aber prägen sich einem die Menschen ein. Die trockene Zahl der Statistik, 1'000'000'000, wird plötzlich vor den eigenen Augen quicklebendig.

Wie aber leben all diese Menschen in diesem Land? Wo wohnen sie? Wo arbeiten sie? Wie werden sie mit den täglichen, oft brutalen Herausforderungen, die die Bevölkerungsexplosion mit sich bringt, letztlich fertig? Wenn beispielsweise das Zugfahren während der Hauptverkehrszeit im Vorortzug einer Metropole buchstäblich zum Überlebenskampf wird? Wo sich die 1. Klasse im Zug nicht durch mehr Platzangebot auszeichnet, sondern lediglich dadurch, daß die Ausdünstungen der ebenso dicht gequetschten Menschen etwas weniger penetrant durchs Abteil ziehen?

Die immensen gesellschaftlichen Probleme, verstärkt durch die allgegenwärtige Korruption und den Zerfall staatlicher Autorität, stellen natürlich jede Regierung vor schier unlösbare Aufgaben. Außerdem führen sie zur Bildung extremer politischer Gruppen oder fundamentalistischer Bewegungen. Bei einigen dieser Gruppen – und das wird manchen Leser aufhorchen lassen – findet sich ein Gedankengut, welches gerade uns Deutschen aus der Zeit der 30er und 40er Jahre noch nachhaltig bekannt sein dürfte.

Eine Gruppierung, die sich schon 1925 als politische Partei etablierte, schrieb sich als Lösung der gesellschaftlichen Probleme eine ebenso simple wie falsche Parole ins Parteibuch: «Indien den Indern!» Seither verfolgt diese nationalistische Partei auf verschiedensten Wegen beharrlich ihr Ziel – und erreichte im Jahre 1996 erstmals größeren nationalen Einfluß. Da konnte die BJP die Regierungen in einigen Bundesstaaten stellen, darunter in Maharashtra mit seiner Metropole Mumbai und im Staat Orissa an der Ostküste, wo sich die in diesem Buch beschriebenen Ereignisse abgespielt haben. Mittlerweile bildet die BJP die stärkste politische Kraft im Lande und stellt somit auch den Staatspräsidenten – politisch (noch) ausbalanciert von einer zumeist recht brüchigen Koalition konservativer oder kommunistischer Parteien (man vergleiche dazu auch Kapitel 13).

Zunehmende Christenverfolgung

Mit Indien auch den Gedanken an Christenverfolgung zu verbinden, das fällt vielen schwer. Waren es nicht Missionare wie der Deutsche Bartholomäus Ziegenbalg oder der Engländer William Carey, die sich schon seit dem frühen 18. Jahrhundert in aufopferungsvoller Weise für die Ärmsten der Armen Indiens einsetzten? Und hat sich nicht seither unablässig ein Strom von zunächst vor allem ausländischen, in jüngerer Zeit aber hauptsächlich indischen Christen unentwegt für die Errettung von Menschen aus Armut, Elend, unmenschlichen Lebensverhältnissen und schließlich auch aus geistlicher Verlorenheit engagiert? Läßt sich die Zahl der von ihnen gebauten Schulen, Tageskrippen, Kranken- und Waisenhäuser, Altenheime, Verpflegungsstationen, Ausbildungsstätten usw. überhaupt noch ermessen? Genießt nicht das aus christlicher Nächstenliebe gegründete Krankenhaus in Vellore landesweit einen erstklassigen Ruf? Und wurde nicht überall getrauert, als 1997 Mutter Teresa in Kalkutta starb? Die Medien kannten damals – neben dem tödlichen Unfall von Prinz Charles' Gattin Lady Di – kein anderes Thema als die Verdienste und das Vorbild dieser Frau Gottes.

Und dennoch nimmt die Verfolgung der Christen stetig zu. Nach dem Mord an Graham Staines sprach der indische Innenminister L. K. Advani im Parlament von «landesweit insgesamt 116 polizeilich erfaßten Übergriffen gegen Christen, einschließlich fünf Morden, seit dem Januar 1998». Wie hoch wird da die Dunkelziffer sein?

Fast kontinuierlich berichten kirchliche Organisationen mittlerweile von diesen «Übergriffen», die neben dem direkten Schaden und dem Elend, das sie anrichten, auch zunehmend Christen in Furcht versetzen und lähmen – aber auch wachrütteln. Gladys Staines legt hiervon in ihrem Interview (siehe Kapitel 12) ein eindrückliches Zeugnis ab! Doch die Bedrohung wächst weiter. Während dieses Kapitel geschrieben wurde, starben zwei weitere indische Christen um Jesu willen: Im Bundesstaat Uttar Pradesh, etwa 150 Kilometer südöstlich der Hauptstadt Delhi, wurde am 6. Juni 2000 der katholische Geistliche George Kuzhikandan von unbekannten Angreifern brutal zu Tode geprügelt. Und in einem Dorf im Distrikt Jalandhar fanden Bauarbeiter in derselben Woche den Leichnam des freikirchlichen Evangelisten Ashish Prabash, der mit einem Team unterwegs gewesen war, das einen JESUS-Film in den Dörfern vorgeführt hatte. Fast zeitgleich, am 8. Juni, explodierten in vier Kirchen in den Bundesstaaten Andhra Pradesh und Karnataka (dessen Hauptstadt die auch im Westen gerühmte «Silicon City» Bangalore ist) Bomben in Kirchgebäuden. Erzbischof Alan de Lastic, Präsident der Katholischen Bischofskonferenz in Indien, kommentierte daraufhin gegenüber der Nachrichtenagentur AP: «Es gibt hierfür ganz bestimmt eine Strategie und einen Plan auf nationaler Ebene. Diese Kräfte, die hier sichtbar werden, wollen die Christen in Furcht versetzen.» (Regelmäßige Informationen über Christenverfolgungen finden sich für Interessierte übrigens im Internet unter www.charismanews.com).

Auch wenn Jesus selbst uns Christen angekündigt hat (siehe beispielsweise Joh. 15,18-20 und Mt. 5,10-12), daß wir um seines Namens willen unter Umständen verfolgt werden und Leid ertragen müssen – das heißt also: Auch wenn die Christenverfolgung in Indien letztlich Ausdruck des geistlichen Kampfes ist –, so muß man doch um diesen gesellschaftlichen und politischen Hintergrund wissen, wenn man die *ganze* Tragweite des Mordes an Graham Staines und seinen beiden Söhnen verstehen will. Sie starben für JESUS – und die Nation hat dies als solches wahrgenommen.

Indien befindet sich offensichtlich in einem Umbruch. Doch dieser Umbruch vollzieht sich nicht nur wirtschaftlich, gesellschaftlich und politisch. Nein, es ist ein geistlicher Umbruch, und damit steckt ein noch viel tiefergehendes Potential dahinter. Denn Gott ist ein Gott, der Geschichte macht und Geschichte schreibt. Wenn dieses Buch Sie bewegt, dann folgen Sie dem Aufruf von Gladys Staines und beteiligen Sie sich mit an diesem Umbruch: Beten Sie und stehen Sie mit ein für dieses Land! Und wenn Sie darüber hinaus noch mehr tun wollen, dann schreiben Sie uns. Es gibt – noch – viele sinnvolle Möglichkeiten, um helfen zu können!

Grenzach-Wyhlen, im Juli 2000
Andreas Rapp

(E-Mail: andreas.rapp@bluewin.de)

2. Die indischen Christen und die Veränderungen in der Gesellschaft

Ein Beitrag von seiten der indischen Original-Verleger

Einige Zeitungs-Schlagzeilen der vergangenen Monate lauteten folgendermaßen:

- «Nonnen brutal angegriffen und vergewaltigt»
- «Christlicher Pastor zusammengeschlagen»
- «Kirche demoliert und angezündet»
- «Hospital für die Stammesleute eines abgelegenen Dorfes geplündert und Personal angegriffen»
- «Bibeln öffentlich verbrannt»
- «Christliche Bildungseinrichtung bedroht»

Diese Liste könnte fast beliebig verlängert werden. Die gewaltsamen Angriffe nehmen zu, zahlenmäßig und geographisch. Kein Staat in Indien kann sich rühmen, eine Ausnahme zu bilden. Die Kette der Ereignisse läßt sich auch mit viel Phantasie nicht als spontane Aktion der örtlichen Bevölkerung erklären. Es muß sich dabei um eine sorgfältig geplante und strategisch ausgeführte Gewaltkampagne handeln mit dem heimlichen Motiv, eine Gesellschaftsgruppe zu verleumden und zu diskreditieren.

«Seit Januar 1998 sind im ganzen Land insgesamt 116 Zwischenfälle gemeldet worden, bei denen Christen angegriffen wurden, darunter fünf Morde», bestätigte Innenminister L. K. Advani im *Rajya Sabha*, dem Oberhaus des Parlaments. Die Gewalt erreichte ihren Höhepunkt, als Graham Staines und seine beiden Söhne Philip und Timothy bei lebendigem Leibe verbrannt wurden.

Bereits im 1. Jahrhundert, noch bevor das Christentum Europa erreichte, kam einer der zwölf Apostel Jesu nach Indien. Und Inder, die den christlichen Glauben annahmen, lebten seither fast zweitausend Jahre lang in friedlicher Koexistenz in diesem Land und hatten selbstredend indisches Ethos und indische Wesensart angenommen und behalten. Nie beriefen sie sich auf eine unterschiedliche Identität, aufgrund derer ihnen besondere Privilegien zugestanden hätten. Nie zettelten sie eine Rebellion an. Nie wandten sie Gewalt an, um gegen Ungerechtigkeit zu kämpfen. Nie handelten sie fanatisch. Sie taten, was geistlich förderlich und gesund ist, und sie taten es gerecht, friedlich und liebevoll entsprechend den Lehren von Jesus Christus. Sie eröffneten Krankenhäuser in Territorien, von deren Existenz man zuvor keine Ahnung gehabt hatte. Sie brachten den Massen Bildung. Sie sorgten für die Kranken, die Alten, die Behinderten, die Waisen, die Witwen und die von unserer Gesellschaft Ausgestoßenen und kämpften für die Befreiung unserer Nation von der drückenden Kolonialherrschaft. Diesen Beitrag haben sie als Inder, die den christlichen Glauben angenommen haben, zur nationalen Entstehung und Entwicklung Indiens geleistet.

Warum dann die sinnlose Gewalt, die systematische Haßkampagne und der widerliche Krieg gegen Christen? Werden die Christen nun zu einer Bedrohung der Einheit und Integrität Indiens, nachdem sie all die Jahrhunderte lang friedlich gelebt haben? Ist der entfesselte Terror gerechtfertigt?

Die Lehren von Jesus Christus haben insofern Umwälzungen in der Gesellschaft nach sich gezogen, als Arme und Unterdrückte mit Liebe und Barmherzigkeit behandelt worden sind. Jesu Lehren haben bewirkt, daß von rassischen, sozialen und auf dem Kastenwesen beruhenden Vorurteilen benachteiligte Menschen befreit worden sind und man sich aktiv um Gleichheit und Gerechtigkeit für die Reichen und die Armen, die Privilegierten und die

Unterprivilegierten bemüht hat. Wenn das der gesellschaftliche Wandel ist, der herbeigeführt wird, warum dann eine solche Feindseligkeit? Oder sollten die für die Greueltaten Verantwortlichen und die Anhänger der Haßkampagne gegen die Christen genau vor diesen Veränderungen in unserem Land etwa Angst haben? Wenn ja, dann kann man nur noch sagen: Armes Indien!

Dieses Buch erzählt von dem abscheulichen Mord an Graham Staines und seinen beiden Söhnen und von der revolutionären Antwort seiner Witwe Gladys und seiner nun vaterlosen Tochter Esther. Es vermittelt Ihnen wertvolle Einsichten in den christlichen Glauben, in den opferbereiten Einsatz der Christen für unser Land, in die Christenverfolgungen im Verlauf der Jahrhunderte und die Reaktion der Christen darauf. Und es zeigt, warum die Gewissensfreiheit jedes einzelnen Menschen in diesem Land verteidigt werden muß.

Hier ist etwas, was Sie zum Nachdenken bringen und an Ihr Gewissen appellieren will. Unsere Verfassung garantiert uns nicht nur die Gleichbehandlung aller Religionen, sondern sie gibt jedem Staatsbürger das Recht, sich die Sache selbst gründlich zu überlegen und sich seinem Gewissen entsprechend zu entscheiden. Christ zu sein bedeutet nicht, weniger Inder zu sein, auch wenn manche das irrtümlich meinen. Möge dieses Buch Ihnen helfen, Ihr Gewissen zu schärfen und ihm frei und furchtlos zu folgen.

Der indische Verlag

3. «Nein, ich bin nicht verbittert»

von Gladys Staines

Schon als kleines Mädchen interessierte ich mich für göttliche Dinge, und das ist so geblieben. Neben der Bibel waren es die Geschichten von Missionarinnen und Missionaren, die in mir den Wunsch wachriefen, dem Herrn zu dienen. Bei einer Keswick-Konferenz (einer bekannten, jährlich stattfindenden Heiligungskonferenz in Keswick, Nordengland) begann ich im Alter von dreizehn Jahren eine persönliche Beziehung zu Jesus Christus zu pflegen.

Später machte ich eine Berufsausbildung zur Krankenschwester. Das war, so glaube ich, eine Führung des Herrn, um mir in meiner Arbeit unter Leprakranken zu helfen. Dann schloß ich mich einem internationalen Werk an, und im Verlauf unserer Besuche in mehreren asiatischen Ländern lernte ich auch erstmals dieses wunderschöne Land Indien kennen.

Die Zeit, die ich in Indien verbrachte, war für mich eine großartige Erfahrung. Hier lernte ich auch Graham kennen, meinen zukünftigen Mann. Zwar waren wir beide früher im fernen Australien nur dreißig Kilometer voneinander entfernt gewesen, waren einander aber interessanterweise nie begegnet. Ich hätte mir wirklich nie träumen lassen, daß ich einmal einen australischen Missionar heiraten würde.

Aber es war alles im vollkommenen Plan Gottes beschlossen. Graham schrieb an den Leiter meines Werks. Er fühle sich von Gott geführt, mich darum zu bitten, seine Frau zu werden. Wir beteten, die Missionsleiter waren unsere «Mittelsmänner», und uns wurde klar, daß diese Ehe wirklich von Gott selbst arrangiert war.

Graham war ein großartiger Missionar. Aber er war ein ebenso großartiger Ehemann und Vater. Trotz seines sehr hektischen Lebensstils nahm er sich stets Zeit für mich und unsere Kinder. Er war freundlich und gütig und tat alles, als täte er es für den Herrn. Ich preise den Herrn für die fünfzehneinhalb schönen Jahre, die wir miteinander verbracht haben. Wir waren eins im Glauben, hatten die gleiche Sicht der Dinge und zogen an einem Strang.

Rückblickend glaube ich, daß der Herr mich auf die Prüfungszeit vorbereitet hatte, die ich durchleben mußte. Ich denke da besonders an meine Stille Zeit am Morgen des 14. Januars 1999. Seither ist Jesus mein starker Turm gewesen, mein Licht in dunkelster Nacht. Mein Leben gehört heute mehr denn je ihm, dem Guten Hirten, und mir wird nichts mangeln. Und wenn ich auch durchs Tal des Todesschattens wandeln muß, fürchte ich dort kein Unglück, denn mein Herr ist bei mir.

Ich habe nur *eine* Botschaft an das indische Volk. Ich bin nicht verbittert. Ich bin auch nicht zornig. Aber ich habe einen großen Wunsch: daß alle Bürger dieses Landes eine persönliche Beziehung zu Jesus Christus eingehen; zu ihm, der sein Leben für ihre Sünden dahingegeben hat. Jeder und jede einzelne darf wissen, daß Jesus ihn oder sie liebt und daß sie ihm vertrauen und einander lieben sollten. Laßt uns den Haß verbrennen und die Flamme der Liebe Christi ausbreiten!

Ich freue mich, daß ein Buch über das Leben und Wirken meines verstorbenen Mannes veröffentlicht wird. Ich vertraue darauf, daß dieses Buch uns alle herausfordert, unser Leben neu Gott zu weihen, so daß wir in der Zukunft für den Herrn leben und arbeiten. Das Gebot der Stunde ist, daß wir um mehr Erntearbeiter beten; um Menschen, die bereit sind, in christusähnlicher Liebe und Barmherzigkeit ein Leben lang zu dienen. Ich bete, daß wir alle in

Frieden und Harmonie leben werden und daß wir unsere Liebe zum Herrn Jesus Christus beweisen können, indem wir unseren Brüdern und Schwestern dienen.

Gladys June Staines
Mayurbhanj Leprosy Home

Die Geschichte
der Familie Staines

«Das muß die Welt noch sehen,
was Gott mit einem Menschen anfangen kann,
der sich seinem Willen ganz hingegeben hat.»
Henry Varley

4. Der Mord:
Schandfleck oder Chance?

Heutzutage bedarf es einer ganzen Menge, um unsere Aufmerksamkeit zu erregen ...

Es sei denn, wir werden mit einem Akt der Liebe oder der Ungerechtigkeit konfrontiert. Es ist fast, als gäbe es ein ungeschriebenes Gesetz, das besagt: Es ist nie die Bestimmung des Menschen gewesen, seinen Bruder zu verletzen. Wie permissiv, wie freizügig und tolerant unsere Kultur auch werden mag, manche Dinge werden wir wohl immer als abscheulich empfinden.

Interessanterweise wird diese Ansicht selbst von den abgefeimtesten Gesetzesbrechern geteilt. So werden zum Beispiel von allen Gefängnisinsassen die Vergewaltiger und diejenigen, die Verbrechen an Kindern begangen haben, am meisten verachtet. Sogar von ihren Mitgefangenen, nicht nur von den Wärtern! Irgendwie ist nichts abstoßender als ein Verbrechen an Unschuldigen und Wehrlosen.

Wenn Sie zufälligerweise aus Mumbai – dem früheren Bombay – stammen, erinnern Sie sich wahrscheinlich an Jayabala Ashar. Der junge College-Student wurde angegriffen und aus einem fahrenden Zug gestoßen. Tragischerweise verlor er dabei beide Füße. Der Vorfall wurde in der Presse ausführlich geschildert. Die Menschen nahmen Notiz davon. Eine Welle der Hilfsbereitschaft wurde ausgelöst. Eine ganze Stadt wurde aufgerüttelt.

Vielleicht erinnern Sie sich auch noch an die Bombenexplosionen in Mumbai. Im Abstand von jeweils fünfzehn Minuten erschütterte eine Serie von Explosionen die Stadt. Aber inmitten von Zerstörung, Chaos und Rauch geschah etwas: Irgendwie taten sich die Menschen spontan zusammen. Sie vergaßen ihre Differenzen. Ein gutes Einvernehmen entwickelte sich. Es wurde Hand in Hand gearbeitet, um zu helfen und anzupacken. Man organisierte Privatwagen und Taxis, um die Verwundeten und Sterbenden in die Krankenhäuser zu transportieren.

Das war ein Schlag ins Gesicht für den Geist dieser Tage. Dem Fürsten dieser Welt wurde auf diese Weise zu verstehen gegeben: *«Du magst uns das Leben nehmen, du magst das Denken einiger Menschen vergiften, aber es gibt einen lebendigen Gott im Himmel, und er hat in jedes Herz ein ungeschriebenes Gesetz gelegt (Römer 2,14-16), das besagt: Ein Menschenleben ist wertvoll. Es gibt Recht und Unrecht, und es gibt eine Liebe, die über das Böse triumphiert. Du kannst uns also erzählen, was du willst, wir halten trotzdem daran fest, daß es nie die Bestimmung des Menschen gewesen ist, seinen Bruder zu verletzen.»* Das, was hier geschah, wurde von einer ganzen Nation aufmerksam verfolgt.

Ich erinnere mich noch lebhaft an den Morgen, an dem ich zum erstenmal den Namen Graham Staines hörte. Er sprang mir von der Titelseite der *Times of India* entgegen. Das Geschehen in Manoharpur hatte Schlagzeilen gemacht. Und als ich den ziemlich ausführlichen Bericht las, war ich wie vor den Kopf geschlagen. So etwas konnte es doch nicht geben!

Das Schrecklichste war nicht, daß es hier um den Tod eines Mitchristen ging. Oder daß wieder einmal brutal gegen Christen in Indien vorgegangen worden war. Unfaßbar war vor allem die *unmenschliche* Art und Weise, wie Graham und seine beiden Söhne Philip und Timothy ihr Leben verloren. Bei lebendigem Leibe verbrannt, so daß von ihren Körpern nur zerbrechliche Asche-Skelette übrigblieben. Man fand sie in einer letzten Umarmung, gewiß vereint in ihrem letzten irdischen Gebet zu dem Anfänger und Vollender ihres Glaubens, Jesus Christus.

Swami Agnivesh bezeichnete das Geschehen als Zwischenfall, der *zu Recht das Gewissen der Nation aufge-*

rüttelt hat. Er fügte hinzu, wenige Ereignisse der jüngsten Geschichte hätten eine so heftige, spontane und universale Entrüstung ausgelöst wie diese unmenschliche Tat. Premierminister Atal Behari Vajpayee sagte in diesem Zusammenhang: «Beschämt senke ich meinen Kopf.» Er kündigte eine juristische Untersuchung des Vorfalls an, mit deren Leitung ein Richter des Obersten Gerichtshofes betraut wurde.

Der schreckliche Mord wurde von *India Today* als «brennende Schande» und als «Schandfleck für Indien» bezeichnet. Die Zeitschrift berichtete in ihrer Titelgeschichte über die Ereignisse. Auch andere große Medien des Landes, darunter *Outlook* und *Frontline*, richteten die Aufmerksamkeit ihrer Leserschaft auf Manoharpur und viele andere gewaltsame Ausschreitungen gegen Christen.

In den Nachrichtensendungen der internationalen Medien wurde ebenfalls ausführlich über den Zwischenfall berichtet, so in den News von *CNN* und *BBC*. Führende Zeitungen wie *The Times* (London), *The New York Times*, *The Chicago Tribune*, *The Australian* und *The Sydney Morning Herald* – um nur einige zu nennen – verurteilten die Tat scharf. Die ganze Welt erfuhr vom Martyrium von Graham Stuart Staines und seinen beiden Söhnen.

Wenn wir Graham persönlich gekannt hätten ...

Die meisten von uns haben nie erlebt, wie schmerzvoll es ist, jemanden, den man gekannt und geliebt hat, auf gewaltsame Weise zu verlieren. Aber es gab viele, die Graham – oder «*saibo*»[1], wie er liebevoll genannt wurde – persönlich kannten und liebten.

---

1 indischer Ausdruck für einen verehrten, höhergeachteten, aber nahestehenden Menschen

Sie erinnern sich an ihn als einen freundlichen und zuvorkommenden Mann, leger gekleidet, seinen Hut als Markenzeichen fast immer auf dem Kopf. So fuhr er auf seinem klapprigen Fahrrad in Baripada herum. Hier hatte er sich ganz Gottes Werk verschrieben; hier setzte er sich mit seinem Leben für seine geringsten Brüder ein. Er versorgte und pflegte persönlich Leprapatienten in einem speziellen Heim am Stadtrand.

Dr. Binod Das, Arzt, Hautspezialist und über dreißig Jahre lang Grahams Mitarbeiter, erinnert sich: «Jeden Mittwochmorgen holte Graham mich zu Hause ab, und dann gingen wir miteinander zum Lepraheim. Jeder einzelne Patient lag ihm sehr am Herzen.» B. S. Pande, ein hoher Beamter des Bezirks Baripada, drückte es so aus: «Ich kann diese Tragödie immer noch nicht fassen. Sehr oft erinnere ich mich lebhaft an diesen großartigen Gentleman. Er war immer da, immer hilfsbereit gegenüber den Einwohnern der Stadt wie auch Fremden gegenüber.» Und V. V. Yadav, Finanzbeamter in Baripada, sagte: «Wir sind erschüttert. Seit langem hatte Mr. Graham Staines seine Identität als Australier verloren. Er war ganz und gar Bürger von Baripada. Er war ein Licht dieser Stadt.»

Bis heute wird Graham im Heim schmerzlich vermißt. Es fällt den Patienten immer noch schwer, sich mit der Tragödie abzufinden. Sie haben *Dada*[2] verloren, ihren liebevollen und mitfühlenden Freund und älteren Bruder.

Da ist zum Beispiel Kutlumaji, ein *adivasi* (ein Angehöriger einer sehr niedrigen Kaste) aus Santal. Er hat wegen seiner Lepra die meisten Zehen verloren. Niemand kümmerte sich um ihn – nur Graham. Er brachte Kutlumaji ins Heim in Mayurbhanj und pflegte ihn gesund. Nach seiner Heilung heiratete Kutlumaji Sarida, die ebenfalls im Heim geheilt worden war. Sie beschreibt ihre Gefühle folgendermaßen:

2   ehrfurchtsvolle indische Bezeichnung für Familienoberhaupt

«Unsere Welt war finster. Wir hatten immer den Tod vor Augen. Keiner der religiösen Führer bot uns auch nur eine einzige Mahlzeit an. Wenn wir um Almosen bettelten, warfen sie mit Steinen nach uns und jagten uns davon. Wir waren Unberührbare. Diese religiösen Führer sagten uns gewöhnlich, wir hätten die Lepra wegen unserer Sünden in unserem früheren Leben verdient – wegen unseres Karmas. Man schob uns ab, damit wir im Dschungel ganz allein sterben sollten, wie Würmer. Aber dann kamen Staines Dada und seine Freunde. Sie streckten ihre barmherzigen Hände aus und brachten uns ins Lepraheim. Dort sahen wir Gottes Liebe.

Dada und seine Frau wuschen eigenhändig unsere Geschwüre aus und behandelten unsere Wunden mit Medizin. Und als wir geheilt waren, brachten sie uns bestimmte Fertigkeiten bei und gaben uns Arbeit. Ist das verkehrt? Was hat Dada gemacht, daß man ihn lebendig verbrannt hat? Sogar Philip und Timothy haben sie umgebracht – so liebe Kinder! Sie kamen immer und spielten mit uns, mit *uns* Leprakranken, den von der Gesellschaft Ausgestoßenen …»

An dieser Stelle konnte Sarida, von Schmerz überwältigt, nicht weitersprechen.

Padma ist ebenfalls eine ehemalige Patientin. Inzwischen ist sie vollständig geheilt. Sie arbeitet im Heim, verabreicht den Patientinnen und Patienten ihre Medikamente und behandelt ihre Wunden. Sie sagt:

«Falls dieses Heim geschlossen werden sollte, wohin sollen wir, die Leprakranken, denn dann gehen? Führen diese militanten religiösen Fanatiker etwa irgendwelche Lepraheime? Die gleichen Leute, die unseretwegen keine einzige Träne vergießen, eben diese Leute machen uns jetzt auch noch zu Waisen. Und das im Namen der Religion. Sollen diese Fanatiker uns doch mal sagen, welches Unrecht Staines Dada und seine Kinder begangen haben! Wie können sie nur ein so scheußliches Verbrechen verüben! Denkt daran, diese Leute können Gott nicht entkommen.»

Es gibt Hunderte von Leprakranken in Baripada und Mayurbhanj, die wie Sarida, Kutlumaji und Padma trauern, weil sie Staines Dada und seine Jungen verloren haben.

Der stellvertretende Bezirksstaatsanwalt Bidhu Prasad Das erinnert sich: «Graham war ein echter Gentleman. Er hatte ein Herz für die Menschen und ihre Nöte. Und alles, was er tat, tat er sehr sorgfältig und gewissenhaft. Er war ein Segen in Mayurbhanj. Er hatte etwas Anziehendes an sich. Wenn ein Blinder Graham Staines in der Sprache *Oriya* sprechen hörte, würde er ihn niemals für einen Westler gehalten haben. Graham sprach auch fließend *Santali* und *Ho*.» – «Wir waren sehr eng mit der Familie befreundet», fügte seine Mutter, Sova Das, hinzu. «Ich kannte Graham als Junggesellen. Dann kam Gladys – eine perfekte Hausfrau und den Kindern eine liebevolle Mutter. Was für eine gottesfürchtige Familie! Die Kinder spielten oft mit unseren Enkelkindern. Sie waren so lebhaft, so unschuldig. Wie haben diese Fanatiker ihnen das nur antun können ...» Hier brach Sova Das in Tränen aus.

R. Balakrishnan, Finanzbeamter in Mayurbhanj, reagierte ebenfalls tief erschüttert auf den Zwischenfall. Er erinnert sich, daß Timothy und Philip ganz normale Jungen waren, wie alle anderen Jungen. Und mit welcher Freude sie mit seinen eigenen Kindern Cricket gespielt haben. In einem Interview mit *India Today* sagte er: «Seit ich die Leichname gesehen habe, habe ich meine Lebensfreude verloren.» Und Sonderkorrespondent Ruben Banerjee drückte ein ähnliches Gefühl aus: «Ich hoffe, daß ich nie mehr von einem so tragischen Ereignis berichten muß.»

Graham Staines ist einer von vielen tausend christlichen Arbeitern. Unbesungen und zumeist unauffällig sind sie selbstlos tätig und geben in Wort und – nicht weniger wichtig – in Tat die Liebe Jesu weiter. Sie stehen nie im Rampenlicht, machen sich aber die zu Freunden, denen sie dienen.

Wenige haben das Wirken von Graham Staines besser verteidigt als Abhay Mokashi, der politische Redakteur von *Mid-Day*. In seiner Kolumne *Nation State* schrieb Mr. Mokashi: «Ob Graham Stuart Staines, der australische Missionar, der mit seinen beiden Söhnen Philip und Timothy bei lebendigem Leibe verbrannt wurde, auf religiöse Bekehrungen gedrängt hat, weiß ich nicht. Eines aber hat er ganz sicher getan: Er hat Leprapatienten in Menschen verwandelt. Denn sie wurden selbst von ihren engsten Verwandten und Bekannten schlechter behandelt als Tiere. Staines, seine Frau und seine Kinder haben den Leprapatienten geholfen, wie Menschen zu leben.»

Und er fügte noch hinzu: «Die hinduistischen Fundamentalisten, auf deren Konto die Ermordung von Staines und seinen beiden Söhnen geht, sollten wissen, daß nicht das Christentum diese drei Menschen verloren hat; ihr Tod ist ein Verlust für die ganze Menschheit. Die hinduistischen Leprapatienten, denen er sein Leben weihte, haben ihren Retter verloren.»

Ein neuer Stephanus

Das ist eine große biblische Wahrheit: In allen Zeiten der Verfolgung beruft Gott gewiß seine Propheten.[3] Einer

---

3 Anmerkung von Andreas Rapp: Die Wahrheit dieser Aussage wird auch im Fall von Graham Staines eindrücklich durch folgendes prophetische Wort bestätigt, welches im Sommer 1999 während eines Treffens lokaler Pastoren von einem der Anwesenden, Pastor Ivan Raskino, weitergegeben wurde:
«BETET FÜR DIE NATION! Ein Mann Gottes sagte mir, daß Graham Staines in Gottes Augen wie ein goldenes Gefäß war. Der Mann wurde an Belsazar im Buch Daniel, Kapitel 5, erinnert, der die Gold- und Silbergefäße Gottes verunehrte, was zum Gericht über das ganze Land führte. Ich spürte, daß die Christen Gott um Gerechtigkeit anrufen sollten und auch darum, daß Dara

von ihnen war Paulus, der Pionier-Evangelist, von dem
etwa die Hälfte der Bücher im Neuen Testament stammt.
Was viele wohl nicht wissen, ist: Damit es einen Paulus
geben konnte, mußte es zunächst einen Stephanus geben.

Paulus hatte eine Weile mit Drohen und Morden gegen
die Christen geschnaubt. Er hatte es sich in den Kopf gesetzt, die ganze Gemeinschaft auszurotten, die seiner
Überzeugung nach *den* Glauben pervertierte, den er so
eifrig verteidigte. Es stimmt, er begegnete dem Herrn Jesus auf dem Weg nach Damaskus, aber das Zeugnis des
Stephanus muß ihn bestimmt beeindruckt und nachdenk-
lich gemacht haben.

Die Bibel berichtet in Apostelgeschichte 6 und 7 von
Stephanus' kraftvollem Zeugnis vor dem Sanhedrin (dem
jüdischen Gerichtshof). Und davon, wie alle, die da saßen, ihn anstarrten und sahen, daß sein Gesicht dem eines
Engels glich (Apostelgeschichte 6,15). Sie erzählt auch,
daß am Ende seiner feurigen Rede im Sanhedrin ein Tu-
mult losbrach, die Männer sich die Ohren zuhielten und
sich auf ihn stürzten. Sie schleppten ihn aus der Stadt und
begannen ihn zu steinigen. Ihre Obergewänder ließen sie
in der Obhut eines jungen Mannes namens Saulus (Apostelgeschichte 7,57-58), der später als einer der größten
Apostel gelten sollte.

Singh und Konsorten gefaßt werden und daß die anderen, die
den Anschlag gegen Graham Staines planten, entlarvt würden.
Wenn wir nicht solchermaßen entschieden beten, würde das Ge-
richt Gottes in der Tat auf die ganze Nation fallen.»
Bei dem erwähnten «Mann Gottes» handelte es sich um den
Argentinier Hugo Comuzzi, der eine Gebetsbewegung für die
Nationen leitet.
Der verheerende Zyklon, der Ende Oktober 1999 den Staat
Orissa heimsuchte und auf Jahre hinaus verwüstete, wird im
nachhinein von vielen Indern – Christen wie Nichtchristen –
als Gericht Gottes gesehen: Orissa ist der indische Bundes-
staat, in dem Graham Staines wirkte und getötet wurde.

Jemand hat gesagt, das Blut der Märtyrer sei der Same der Kirche. Und so wird auch heute die brutale Ermordung von Graham Staines ganz gewiß viele Saulusse in Indien angerührt haben. Bestimmt hat der Heilige Geist sie zum ernsthaften Nachdenken über den christlichen Glauben gebracht. Und vielleicht fragen sie sich in diesem Augenblick:

Was bringt einen Mann dazu, sein Land zu verlassen, um in einem anderen Land fünfunddreißig Jahre lang den Leprakranken zu dienen? Woher nehmen seine Witwe und seine Tochter die geistliche Kraft, den Mördern vorbehaltlos zu vergeben? Was ist das für ein Gott, an den sie glauben?

Warum dieser Haß auf die Missionare? Wie kommt es, daß Gladys und Esther immer noch den Armen in Mayurbhanj dienen wollen? Könnte es sein, daß all das, was man uns gegen die Christen eingeimpft hat, nichts als Lügen sind? Könnte es tatsächlich sein, daß Jesus recht hatte, als er sagte, er sei der Weg, die Wahrheit und das Leben?

Wir glauben, daß viele, viele unserer Brüder dem Herrn begegnen werden, wenn sie diese lebenswichtigen Fragen beantworten. Obwohl Graham Staines nicht mehr lebt, hat sein Tod eine ganze Nation zum Nachdenken über Jesus Christus gebracht.

Der Herr sei gepriesen!

«Erinnert euch daran, daß ich gesagt habe: ‹Ein Knecht ist nicht mehr als sein Herr!› Deshalb werden sie euch verfolgen, wie sie mich verfolgt haben.»

Johannes 15,20

5. Graham Staines – ein Herz für Indien

Es war ein schwer errungener Sieg in der Schlacht gewesen. Und nun, da sich der Staub setzte, konnte er sich besser umschauen. Was er sah, erfüllte ihn mit Schaudern. Überall lagen verstümmelte, vom Kampf entstellte Körper. Das Stöhnen und die Schreie schwer oder tödlich Verletzter durchbrachen die unheimliche Stille. Angesichts dieser totalen Verwüstung weinte Ashoka.

Dieser Augenblick veränderte den Herrscher des Maurja-Reiches für immer. Die Geschichtsschreibung berichtet von einer so radikalen Verwandlung, daß man ihn nicht mehr als Ashoka «den Schrecklichen» fürchtete. Seine Untertanen lernten ihn als einen neuen Menschen kennen, als Ashoka «den Barmherzigen». Kalinga – oder Orissa, wie es heute heißt – war das Land, das er erobern wollte.

Heute, 23 Jahrhunderte später, ist in Orissa erneut ein schreckliches Verbrechen gegen die Menschlichkeit geschehen. Präsident K. R. Narayanan hat gesagt, es gehöre zu den schwärzesten Taten der Welt: Ein 58jähriger Mann und seine beiden Söhne sind bei lebendigem Leibe verbrannt worden.

Prem Shankar Jha, Kolumnist bei *Outlook*, schreibt: «Der Mord an Graham Staines und seinen Kindern ist unverzeihlich. Was seine Frau und ihr überlebendes Kind erlitten haben, können nur diejenigen ermessen, die selbst einen solchen Verlust erlebt haben.»

Und er hat recht. Nicht alle Menschen in Indien teilen die faschistischen Ansichten einer Minderheit. Nicht alle teilen die Ansichten derer, die den indischen Staat durch extremistische Gewaltakte neu definieren wollen. Wenn

sie in jener Nacht in der Haut des sechsjährigen Timothy
gesteckt, das Entsetzen in den Augen des unschuldigen
Jungen gesehen oder die Schmerzen gespürt hätten, die
eine lebende Fackel erleidet, dann würden diese Extremisten vielleicht anders denken.

So wie Ashoka damals.

Manoharpur, 22. Januar 1999

Graham, Philip und Timothy hatten sich für die Nacht fertig gemacht. Es war ein langer und ermüdender Tag gewesen. Aber auch ein aufregender Tag für die Jungen. Sie
waren davon begeistert, mit ihrem Vater am alljährlichen
Dschungelcamp in Manoharpur teilnehmen zu können.

Man sagt, aus Liebe sei ein Mann bereit, die höchsten
Berge zu erklimmen. Um die Menschen in Manoharpur
zu erreichen, brauchte man solche Liebe. Eine Liebe, die
einen durch drei Schluchten und über das unwegsamste
Gelände tragen mußte.

Graham war von solcher Liebe erfüllt. Seit vierzehn
Jahren war er immer wieder in das kleine Dorf in den abgelegenen Hügeln von Keonjhar gereist, etwa 250 Kilometer nördlich der Hauptstadt des Bundesstaats. Inzwischen kannten die meisten der hier lebenden ca. 150
Santal-Familien ihn zumindest vom Sehen.

Noch etwas muß man über Manoharpur wissen: Die
Leute hier führen ein ganz anderes Leben als das, woran
wir uns in der Stadt gewöhnt haben. Es gibt keine Elektrizi-
tät, kein fließendes Wasser und überhaupt keine modernen
sanitären Einrichtungen. Deshalb mußten Graham und
seine Söhne auch in ihrem Geländewagen übernachten.

Die Söhne erzählten immer noch von dem, was sie den
Tag über erlebt hatten, während sie, Fackeln in der Hand,
zu ihrem Wagen gingen. Sie sprachen über die wunderbare Zeit, die sie mit den einfachen Leuten verbracht hatten,
die ihren Vater und sie so liebten. Sie überlegten auch,

was die Mutter und Esther jetzt wohl machten. Erst vier Tage zuvor hatten sie gemeinsam Papas Geburtstag gefeiert.

Graham öffnete die Wagentür, stieg ein und holte Kissen und Decken unter den Sitzen hervor. Er war darauf bedacht, es den Jungen für die Nacht so bequem wie möglich zu machen. Inzwischen waren die beiden allerdings schon an solche Ausflüge gewöhnt, besonders Philip. Er und Esther hatten übrigens gerade Ferien und waren von der Hebron School in Ooty nach Hause gekommen. Und er hatte sich schon auf Manoharpur gefreut, weil es ihm die Gelegenheit gab, bei seinem Vater zu sein, den er so liebte.

Bevor sie sich zum Schlafen hinlegten, rückten sie zum gemeinsamen Gebet nah zusammen. Sie sprachen zu Jesus und wußten dabei genau, daß er sie hörte und Gebete nicht ohne Antwort läßt. Sie befahlen ihm ihre Familie zu Hause an, alle Patientinnen und Patienten im Lepraheim, die Nation und die Christen in aller Welt.

Graham war stolz darauf, wie seine Jungen beteten. Besonders Timothy, der mit einer Unschuld betete, wie sie nur ein Sechsjähriger haben kann. Sie waren gute Jungen. Und er hatte sie gelehrt, Gott immer für alles zu danken.

So wie er selbst Gott für so vieles zu danken hatte ...

Wenn Gott einen Menschen beruft

Das Baby wurde Graham Stuart Staines genannt. Es war 1941, und Graham war Williams und Elizabeths zweites Kind. Elizabeth war eine gottesfürchtige Frau und eine liebevolle Mutter. Von frühester Kindheit an versuchte sie ihre drei Söhne und ihre Tochter die Wege Gottes zu lehren. Sie hatte einen großen Einfluß auf Graham.

Dabei war die Familie keineswegs perfekt. William hatte Probleme mit dem Alkohol, und darunter hatte die

Familie manchmal zu leiden. Aber Graham erinnerte sich, daß sein Vater sich zwar mit diesem Problem herumschlagen mußte, aber nie seinen Glauben über Bord warf. Und ab und zu ging er auch mit seiner Familie zum Gottesdienst.

Graham dachte immer gern an seine Heimatstadt Palmswood in Queensland, Australien, zurück. Hier hatte er im Alter von zehn Jahren während einer Evangelisationsversammlung sein wichtigstes Erlebnis gehabt. Damals hatte Allan Cunningham gepredigt. Als Graham da stand und ihm zuhörte, wurde plötzlich in einem einzigen Augenblick alles, was seine Mutter ihm über Jesus Christus gesagt hatte, ganz lebendig. Er wußte einfach, daß es wahr war!

Er glaubte, daß Jesus Gottes Sohn war. Daß er am Kreuz für seine Sünden und die Sünden der ganzen Welt gestorben war. Daß jeder, der an ihn glaubt, nicht verlorengeht, sondern das ewige Leben haben wird. Und daß jeder Mensch das erfahren kann, wenn er nur ehrlich und von Herzen zu Jesus betet.

So lieferte er an jenem Tag in der Nambout Presbyterian Church in der Stille seines Herzens Jesus Christus sein Leben aus. Er konnte damals nicht ahnen, daß der Herr ihm ein Herz für Indien geben würde. Und daß er ihn berufen würde, den Armen und den Leprakranken in Mayurbhanj zu dienen.

Bald darauf zog die Familie nach Caboolture und dann nach Beauderest. Hier wurde Graham in der Beauderest Baptist Church getauft. Er wuchs stetig im Glauben und beteiligte sich aktiv an der Sonntagsschularbeit und an der Strandmission von Scripture Union (Bibellesebund). Dabei spürte er zum erstenmal den Ruf, Missionar zu werden. Aber er beschloß, noch abzuwarten, ob der Herr diesen Ruf bestätigen würde.

Das geschah tatsächlich, und zwar an dem Tag, an dem Graham einer Frau namens Vera Stevens begegnete. Vera verbrachte einen Heimaturlaub in Australien. Sie hatte ihr

Leben in den Dienst der Leprakranken gestellt. An diesem Morgen aber befand sie sich nicht in Mayurbhanj, Indien, sondern einem stillen, freundlichen jungen Mann in Beauderest, Australien, gegenüber. Und was sie zu sagen hatte, war für ihn eine gewaltige Herausforderung. Sie unterstrich das, was sie sagte, mit Hilfe einiger Dias.

Ein Bild zeigte Josia, einen jungen *tribal*, der an Lepra im Frühstadium litt. Zwar war von den typischen Symptomen der Krankheit noch nichts zu sehen, aber seine Augen strahlten eine Angst aus, die Graham tagelang verfolgte. Nun gab es keinen Zweifel mehr: Gott hatte ihm Mayurbhanj aufs Herz gelegt. Das wurde an einem Freitag während seiner Morgenandacht noch einmal bestätigt. Er las im Markusevangelium.

Eigentlich hatte er mehr als nur das erste Kapitel lesen wollen, aber schon bald konnte Graham nur noch durch Tränen blinzeln. Als er die Verse 35-42 las, erinnerte ihn der Heilige Geist an Josia und die vielen anderen, denen es wie ihm ging. An die, die unterwegs zur Ewigkeit waren, ohne zu wissen, daß es nicht ihr Karma war, wie Tiere zu sterben – zu sterben ohne die medizinische Behandlung, die ihre verstümmelten Körper wieder gesundmachen konnte. Sie waren Menschen, die sein Heiland so sehr liebte, daß er vor zweitausend Jahren für sie an einem Kreuz gestorben war.

Daß Josia und die anderen sterben würden, ohne diese große Liebe kennengelernt zu haben, diesen Gedanken konnte Graham nicht ertragen. Die Worte aus dem Markusevangelium, die ihn so anrührten, standen im Bericht der Begegnung Jesu mit dem Aussätzigen:

«Am nächsten Morgen stand Jesus vor Tagesanbruch auf und ging an eine einsam gelegene Stelle, um dort allein zu beten. Petrus und die anderen suchten ihn. Als sie ihn gefunden hatten, sagten sie vorwurfsvoll: ‹Alle Leute fragen nach dir!› Aber er antwortete: ‹Wir müssen auch noch in die anderen Dörfer gehen, um dort die Heilsbotschaft zu verkünden. Das ist meine Aufgabe.› Und Jesus reiste durch die ganze Provinz Galiläa, predigte in den

Synagogen und befreite viele aus der Gewalt dämonischer Mächte. Einmal kam ein Leprakranker zu Jesus. Er fiel vor ihm nieder und bat: ‹Wenn du willst, kannst du mich heilen.› Jesus hatte Mitleid mit dem Mann. Deshalb legte er segnend die Hand auf ihn: ‹Ich will es tun! Sei gesund!› Von diesem Augenblick an war der Aussatz verschwunden und der Mann geheilt» (Markus 1,35-42).

Graham erkannte, daß er vor einer Entscheidung stand, die Auswirkungen auf sein ganzes Leben haben würde. Und die ihn viel kosten könnte. Er würde eine verheißungsvolle Zukunft aufgeben müssen. Sechs Jahre lang hatte er als kaufmännischer Angestellter gearbeitet, dann hatte er eine Ausbildung im Queensland Bible Institute begonnen. Graham erzählte selbst: «Ich weiß noch, wie ich zu meinen Chef, Bill Blunk, ging, um zu kündigen, weil ich zur Bibelschule gehen wollte. Er sagte, sie würden mich gerne behalten, denn ich sollte mich zum Buchhalter der Firma hocharbeiten – eine wichtige Sprosse auf der Karriereleiter –, aber ich sagte ‹nein›, weil ich wußte, daß Gott mich in die Bibelschule berief. Mr. Blunk sagte, wenn ich es mir noch einmal anders überlegen sollte, würden sie mich gerne wieder nehmen.»

Gladys, Grahams Witwe, sagt: «Das Wichtigste im Leben eines Christen ist, Gottes Willen zu kennen.» Der Herr war so gnädig, Graham noch weitere Hinweise auf seine Pläne mit ihm zu geben. Jeden Freitag fand in Grahams Schule eine Missionsveranstaltung statt. Daran nahmen Missionare aus aller Welt als Redner teil. Graham war angenehm überrascht, als eines Tages Olive Alcorn den Missionsvortrag hielt.

Wieder hörte er ausführlich, was der Herr durch Vera, Olive und andere Mitarbeiterinnen und Mitarbeiter der Mayurbhanj Mission in Indien tat. Nach dieser Versammlung meldete er sich bei der Evangelical Missionary Society in Mayurbhanj. Darüber freute sich einer seiner Onkel, Ben Brandon, der Graham besonders gern hatte, allerdings überhaupt nicht.

Da Gott Ben Brandon «nur» mit Töchtern gesegnet hatte, hatte Ben Graham seit langem als den ersehnten Sohn betrachtet. In Grahams Worten ausgedrückt: «Onkel Ben rief mich in sein Büro und sagte, er wolle mich so in seine Firma einführen, daß ich sie nach ihm leiten könnte. Ich mußte mich entscheiden. Ich sagte nein, da ich wußte, daß Gott mich berufen hatte, ihm in Indien zu dienen. Mein Onkel fand, ich sei verrückt, mein Leben derart wegzuwerfen.»

Onkel Ben war der Inhaber der Firma Brandon Timbers in Brisbane, und Graham hatte hier einen Bombenjob in Aussicht, der ihm eine gesicherte Zukunft garantierte. Zudem hatte Graham seinen Onkel gern, nur daß er Jesus Christus eben noch mehr liebte. Er schlug dieses und noch ein anderes ausgezeichnetes Angebot aus und sagte: «Königskinder werden das Werk des Königs vorantreiben.» Manche bedauerten, daß er nach Indien abreiste.

Santanu Satpathy, Grahams langjähriger Brieffreund, gehörte nicht dazu. Santanu hatte, soweit er sich erinnert, irgendwann im Jahre 1956 den ersten Brief von Graham bekommen. Dieser Brief hatte übrigens sowohl in seiner Schule als auch in seiner Familie einiges Aufsehen erregt. Der Grund? In den fünfziger Jahren gab es Post aus dem Ausland nach Baripada nur für das Missionshaus und für einen Bäcker, der Israeli war. Und jetzt eben auch für Familie Satpathy! Santanu erinnert sich noch, wie er den Umschlag mit einer Messerklinge öffnete. «Es geschah mit der Präzision und Sorgfalt eines Neurochirurgen. Der blau gefütterte Umschlag enthielt drei linierte weiße Blätter mit Grahams schöner Handschrift. Er erzählte von sich und von Australien.»

Diese lebenslange Freundschaft begann damit, daß Vera Stevens, die in Rairangpur, etwa fünfundfünfzig Kilometer von Santanus Heimatstadt entfernt, arbeitete, Grahams älterem Bruder die Adresse von Santanu gab. Der leitete sie an Graham weiter. Als sie dann miteinander korrespondierten, merkten Santanu und Graham, daß sie viel gemeinsam hatten. Unter anderem den Geburtstag. Beide waren am 18. Januar 1941 geboren.

Graham schrieb in seinen Briefen von seinem Wunsch, dem Herrn zu dienen. Und ihm nachzufolgen. Er berichtete auch, daß er neben seinem Beruf einen Fernkurs in Buchhaltung belegt habe. Die nächsten acht Jahre blieben die beiden in regelmäßigem Kontakt, schickten einander Photos und ließen einander an ihren Träumen teilhaben. Bis zu dem Tag, an dem die Klassenkameraden Santanu ein Freudengeheul anstimmen hörten. Aufgeregt begann er ihnen zu erzählen, sein Freund komme nach Indien. Ja, sogar nach Baripada! Santanu erinnert sich an den großen Augenblick:

«Eines schönen Morgens, als ich in Rairangpur aus einem Bus stieg und das Gelände der Missionsstation betrat, kam Miss Stevens lächelnd aus ihrem Zimmer. Sie deutete auf den Raum, in dem Graham auf mich wartete. Ich konnte mich nicht mehr beherrschen und rief laut: ‹Graham!› Ich hielt die Luft an. Unglaublich, aber wahr – da stand mein Freund Graham, groß und gutaussehend. Einen Augenblick standen wir beide sprachlos da und konnten es nicht glauben. Miss Stevens und ihre Kollegin, Miss Alcorn, beobachteten uns. Im nächsten Moment lagen wir uns in den Armen. Unsere Augen waren feucht, als er mir einen Kuchen gab, den ihm seine Mutter für mich mitgegeben hatte. Das war unsere erste Begegnung.»

Sie fand am 18. Januar 1965 statt, also am 24. Geburtstag der beiden. Graham hatte eben einen Zweijahreskurs am Queensland Bible Institute abgeschlossen. Und jetzt war er in Mayurbhanj und brachte einen Projektor mit, ein Geschenk seiner Kollegen in Australien. Santanu erinnert sich, wie Graham durch die Straßen von Baripada wanderte und sein Herz für die Leprakranken zu schlagen begann.

Die armen Menschen irrten verloren und hilflos herum, total abhängig von Almosen. Und während sich die Krankheit erbarmungslos weiter in ihnen ausbreitete, wurden sie immer schrecklicher entstellt, und damit wurde ihr Leiden noch vertieft. Niemand kümmerte sich wirklich um sie.

Mit Ausnahme des Mayurbhanj Leprosy Home. Gegründet hatte es 1895 der Maharadscha von Mayurbhanj, Rama Chandra Bhanj Deo, als Rehabilitationszentrum für die Notleidenden. Als im Laufe der Zeit die Arbeit in diesem Heim immer anspruchsvoller wurde, übergab der König das Projekt der australischen Missionarin Kate Allanby.

Kate war nur neunzehn Jahre alt, als Gott sie nach Indien rief. Und diesem Ruf blieb sie für die nächsten einundvierzig Jahre treu. (Im weiteren Verlauf dieses Buches erfahren Sie mehr über sie und die Mayurbhanj Leprosy Mission.)

Unter ihrer Leitung wuchs die Missionsarbeit. Und da die Zahl der Kranken, die hier betreut wurden, wuchs, half der König sogleich, indem er der Mission ein größeres Stück Land für das Heim in Baripada schenkte. 1907 wurde das neue Zentrum gebaut und erhielt seinen heutigen Namen. Und diesem Heim sollte Graham Staines vierunddreißig Jahre seines Lebens widmen. Im folgenden einige Auszüge aus seinem Tagebuch, Einträge aus seinem ersten Jahr:

«Januar 1965. Es ist gut, indischen Boden unter den Füßen zu haben. Bisher ist es nicht so schmutzig, wie ich es erwartet hatte, aber sehr laut. Es gibt ziemlich viele Bettler, viele schlafen auf der Straße, aber es gibt auch viele gut gekleidete Inder, die ein wenig Englisch sprechen.

Der Zug aus Bombay kam nach einer Reise von zwei Nächten und einem Tag in Tatanagar an. Mr. und Mrs. Lahey, Miss Stevens und Miss Alcorn holten mich ab und hießen mich willkommen. Das ganze Gepäck kam unversehrt an. Ein Kuli trug allein die Kiste mit dem Werkzeug auf dem Kopf – sie wog 101 Kilogramm! Die können Lasten tragen!

Wir gingen nach Rairangpur, und ich verbrachte die erste Nacht in meinem neuen Haus. Es ist sehr schön und angenehm. Zementwände und ebensolche Böden sorgen für angenehme Kühle. Das Bett ist bequem und das Essen gut. Die letzten paar Tage habe ich damit zugebracht, Mr. Lahey bei allen möglichen Aufgaben zu helfen, Leute kennenzulernen und zu versuchen, das *Oriya*-Alphabet zu verstehen.

Bis jetzt habe ich nur eine Laterne als Lichtquelle gehabt, aber nun habe ich eine Gaslampe bekommen, so daß ich nachts besser schreiben kann. Manchmal kann ich dem Englisch meines Sprachlehrers nur mit Mühe folgen, und er findet meinen Akzent ebenfalls schwer verständlich. Aber wir werden uns sicher noch aneinander gewöhnen.»

Santanu berichtet, Grahams Eifer sei nie erlahmt. Er sei sogar gleich vom ersten Jahr an stetig gewachsen. Gladys erinnert sich, Graham habe selbst im Alter von 58 Jahren für fünf gearbeitet. So groß war sein Wunsch, Christus zu dienen, indem er sich um die Leprakranken kümmerte. Und während Graham unermüdlich arbeitete, um körperliche Leiden zu lindern, litt er gleichzeitig schrecklich unter der geistlichen Finsternis, in der die vielen Menschen in seiner Umgebung lebten. Er drückte das 1977 in einem Interview mit der australischen Zeitschrift *New Life Magazine* so aus:

«Der Anblick von Kindern mit Brandmalen an den Schläfen oder auf dem Bauch, weil der Zauberdoktor sie mit rotglühenden Eisen von bösen Geistern befreien wollte, bestärkt den Missionar in seiner Entschlossenheit, diesen Leuten das Licht zu bringen. Immer noch werden Menschenopfer praktiziert. Sie sind natürlich von der Regierung verboten, aber sie finden ohne Zweifel immer noch statt. Etwa achtzig Kilometer von unserem Missionshaus entfernt wurde ein Damm gebaut. Die Leute glauben, wenn ein Menschenopfer gebracht werde, werde der Damm nie brechen. Also kidnappen sie jemanden und mauern ihn im Damm ein.»

Ja, Graham war überzeugt, daß Jesus Christus das Licht ist, das alle Finsternis vertreiben kann. Mehr noch – er glaubte auch, daß Jesus Christus die *einzige* Lösung für die Probleme ist, unter denen die Menschheit leidet. Und daß diese Lösung stets nur ein Gebet weit entfernt ist.

Aber er kümmerte sich nicht um die Leprakranken, nur um sie zu bekehren, wie manche behauptet haben. Die Leprakranken, die er pflegte, wußten ganz genau, daß ihre medizinische Versorgung in keiner Weise davon abhing, ob sie Jesus Christus als Herrn und Heiland annahmen. In Tat und Wahrheit kann überhaupt kein Mensch, weder Graham noch sonst jemand, einen anderen bekehren.

Andernfalls wäre eine Bekehrung ja nicht auf Dauer. Was könnte den nächsten Menschen daran hindern, den Gläubigen wiederum zu einem neuen Glauben zu bekehren? Nein, eine echte Bekehrung ist mehr als ein bloßes Bekenntnis mit Worten. Sie gleicht eher einer Eheschließung. Sie setzt eine totale Umwandlung des Herzens, des Denkens und des Willens voraus. Das aber kann nur eine Kraft vollbringen, die größer ist als der Mensch. Und wenn es diese Kraft *wirklich* gibt und wenn diese Kraft so etwas *wirklich* zustande bringt, sollten wir uns alle mit unserem Bruder über seinen eben gefundenen Schatz freuen.

Dr. Subhankar Ghosh, einer von Grahams langjährigen Freunden, erinnert sich ganz klar, «daß Graham nie jemanden mit Geld oder materiellen Zuwendungen dazu bewegte, Christ zu werden. Nein, er ließ sogar die armen Patienten aus grundsätzlichen Erwägungen etwas zu den medizinischen Kosten beitragen. In seinem Wesen und Handeln gab es kaum Widersprüche. Sein Leben war glasklar, ein offenes Buch, und ich finde es schrecklich, daß er wegen angeblicher ‹Bekehrungen› ermordet worden ist. Es ist sowieso ein mißbrauchtes Wort, das heute vielfach falsch interpretiert wird. Auch Jesus Christus selbst wurde fälschlich als Gotteslästerer, Gesetzesbrecher und Verräter verurteilt und umgebracht.»

Jeder, um dessen Wunden sich Graham persönlich kümmerte, würde zustimmen, daß alle Anschuldigungen in dieser Richtung falsch sind und jeder Grundlage entbehren. Josia, der Stammesjunge, dessen Leiden Graham derart bewegte, daß er alles verließ, ringt heute um Worte: «Als saibo noch lebte, folgte ich ihm wie einem Bruder, und ich fragte ihn um Rat. Ich verdanke ihm mein Überleben. Nur weil er mich die ganze Zeit über medizinisch behandelt hat, ist meine Lepra verschwunden. Nun ist er nicht mehr da.»

Eine so ungewöhnliche Hingabe ist nur möglich, wenn ein Mensch von einer höheren Liebe beseelt ist. Santanu Satpathy glaubt: «Graham empfand es als göttliche Berufung und göttlichen Auftrag, die Liebe Christi an die von der Gesellschaft Ausgestoßenen weiterzugeben. Seit damals kehrte er nie auf Dauer in sein Geburtsland Australien zurück. Indien war jetzt seine neue Heimat.»

Aber Gott hielt in Indien noch etwas anderes für Graham bereit: Gladys Weatherhead!

Gladys – die Frau im Wohnzimmer

Es ist schon interessant: Obwohl Graham und Gladys in benachbarten Distrikten von Queensland, Australien, aufwuchsen, kreuzten sich ihre Wege erst Jahre später in Indien.

Gladys wurde in eine Milchbauernfamilie bei Ipswich hineingeboren. Sie erinnert sich: «Von früh auf interessierte ich mich für göttliche Dinge, und ich bin meinen Eltern dankbar, daß sie uns gottesfürchtig erzogen. Neben der Bibel vermittelten mir die Geschichten von Missionaren den Wunsch, dem Herrn zu dienen.»

Von Kindheit an ging sie in die Ipswich Gospel Hall, eine Brüdergemeinde. Sie erinnert sich noch an den Augenblick, an dem sie erstmals Jesus Christus als ihren persönlichen Herrn und Retter annahm.

Es geschah 1964. Sie nahm an einer Evangelisations-veranstaltung in der Flinders Congregational Church in ihrer Stadt teil. Und während dieser Versammlung, die Kel Willis leitete, sprach Gott sie eindringlich an. Es war fast, als sei die Predigt nur an sie gerichtet. In diesem Moment beschloß sie – sie war damals gerade dreizehn Jahre alt –, von nun an nur noch für den Herrn Jesus zu leben. Und seit ihrer Taufe ist sie dann stets mit Liebe und Freude eine Zeugin Jesu gewesen.

In den folgenden Jahren wurde Gladys Kranken-schwester, und ihre Arbeit führte sie in verschiedene Gegenden Australiens. Ihre Schwesternausbildung machte sie am Ipswich General Hospital. Anschließend ließ sie sich am Queen Victoria Hospital in Launceston zur Hebamme ausbilden. Später absolvierte sie noch einen Kurs in Mütter- und Kinderpflege.

Rückblickend erkannte sie diese Kurse als Gottes Führung. Denn die Kenntnisse und die Erfahrungen, die sie sich dabei aneignen konnte, sollten sich Jahre später im Heim in Mayurbhanj als unermeßlich wertvoll erweisen. Überall, wohin ihr Beruf sie führte, arbeitete sie weiterhin in verschiedenen Brüdergemeinden mit – in der Sonntagsschule und in der Jugendarbeit, bei der Strandmission des Bibellesebundes und in der Nurses' Christian Fellowship (Vereinigung christlicher Krankenschwestern). Im Alter von achtzehn Jahren fühlte sie sich von Gott in die vollzeitliche Missionsarbeit berufen.

Mit *Operation Mobilisation* arbeitete sie 1981 in Singapur, Malaysia, Europa und Indien. Sie erinnert sich: «Die 18 Monate, die ich in Indien verbrachte, waren eine wichtige Erfahrung in meinem Leben. Unzählige Male erlebten wir Gottes besonderen Schutz und seine Fürsorge, als wir in Bihar, Orissa und Punjab von Dorf zu Dorf reisten.

Einmal hatte unser Fahrzeug in Punjab eine Panne. Wir waren nur vier Mädchen. Und die ganze Nacht mußten wir am Rand der Überlandstraße verbringen. Wir wußten, daß die Engel des Herrn sich um uns gelagert hatten.

Bei einer anderen Gelegenheit mußten wir die Grenze eines Bundesstaats überqueren. Hunderte von Lastwagen warteten in einer kilometerlangen Schlange vor dem Kontrollposten auf die Durchfahrtgenehmigung. Es gab wegen des massiven Verkehrsstaus fast kein Durchkommen. Doch während wir weiterfuhren, hatten wir das Gefühl, als räume jemand für uns die Straße, und wir konnten vor Einbruch der Dunkelheit die Grenze passieren und unser Ziel erreichen.

Mehrmals entgingen wir um Haaresbreite einem Unfall. Ein andermal hatten wir nichts zu essen, und wildfremde Leute versorgten uns. Wie wunderbar war es, vom Herrn und seinen Heerscharen geleitet zu werden. Ja, er bereitete mich wirklich gut auf die Herausforderungen vor, die mir in Indien bevorstanden.»

Als Gladys mit einem Team durch Orissa reiste, kamen sie auch nach Mayurbhanj. Und dort begegnete sie Graham.

«Bei einer unserer Rundreisen durch Oriya-Dörfer kam ich 1981 nach Baripada. Dort waren wir im Missionsheim Gäste von Graham. Während der Leiter von OM mit Graham eine Besprechung hatte, wartete ich zusammen mit einem anderen Teammitglied im Wohnzimmer, wo Graham als Lesestoff für uns zwei Bücher auf den Tisch gelegt hatte – eine *Oriya*-Grammatik und ein Buch über Kate Allanby von Mayurbhanj.

Ich schnappte mir schnell die Story von Kate, und als ich die Seiten überflog, war ich begeistert, in eben dem Zimmer zu sitzen, in dem viele der im Buch geschilderten Ereignisse stattgefunden hatten. Obwohl ich schon viele Missionsbücher gelesen hatte, erwärmte dieses Buch mein Herz auf besondere Weise für Mayurbhanj.

Während wir so in dem Wohnzimmer saßen, erwartete ich irgendwie, daß Grahams Frau kommen und uns einen schönen Tee servieren würde. Ich hätte nie gedacht, daß er Junggeselle war. Aber er bot uns kaltes Wasser an und setzte uns später eine köstliche Mahlzeit vor.

Obwohl Graham und ich in Australien nur dreißig Kilometer voneinander entfernt aufgewachsen waren, waren wir einander nie begegnet. Und ich hätte nicht im Traum daran gedacht, einmal einen australischen Missionar zu heiraten.

Aber es war alles im vollkommenen Plan Gottes beschlossen. Graham schrieb an den Leiter von OM, Alphy Franks, erzählte ihm von mir und daß er sich von Gott geführt fühle, mich zu bitten, ihn zu heiraten. Es war keine Liebe auf den ersten Blick. Die nächsten paar Monate lang beteten wir, und die Leiter von OM fungierten als ‹Mittelsmänner›. Es wurde uns klar, daß diese Ehe wirklich ‹von Gott arrangiert› war.[4]

Hätten wir direkt miteinander korrespondiert, wäre es, glaube ich, schwerlich zur Eheschließung gekommen. Aber wir wußten, daß der Herr die Ehe zu diesem Zweck ‹besiegelt› hatte.»

. Die beiden heirateten am 6. August 1983 in der Ipswich Gospel Chapel in Queensland. Die Trauung nahm Frank Gehrmann vor, ein Freund der Familie und einer der Ältesten der Brüdergemeinde. Graham kehrte im folgenden April nach Indien zurück, Gladys mußte allerdings noch weitere sechs Monate warten, weil es Schwierigkeiten mit ihrem Visum gab.

Nach ihrer Ankunft in Baripada unterstützte sie Graham bei seiner Arbeit. Das Lepraheim wurde ihr «Werk der Liebe». Gladys erzählt: «Rückblickend kann ich den Herrn nur für Graham preisen. Er war ein großartiger Missionar. Aber er war ein ebenso großartiger Ehemann und Vater. Trotz seines sehr hektischen Lebensstils nahm

---

4 Anmerkung von Andreas Rapp: Diese und andere Formen der «arrangierten Hochzeit» sind in Indien allgemein Brauch, auch unter Christen.

er sich stets Zeit für mich und unsere Kinder. Er war ein sehr disziplinierter Mann und tat alles sehr pünktlich.

Er war freundlich und gütig und tat alles, als täte er es für den Herrn. Auch ließ er sich nicht von Sorgen um seinen Dienst überwältigen, obwohl die Bedürfnisse riesig waren. Selbst in der größten Not lobte er Gott; und nie bat er Menschen um Hilfe. Er sagte oft: ‹Ich bin ein Kind des Königs aller Könige; warum sollte ich also Menschen um Hilfe bitten?› Wir waren eins im Glauben, in unserer Vision und in unserem Dienst.»

Die Mission hat gegenwärtig zwei Zentren, je eines für die Behandlung und eines für die Rehabilitation. Das Lepraheim ist zwei Kilometer, das Rehabilitationszentrum zehn Kilometer von Baripada entfernt.

Die Anlage umfaßt Schlafsäle für Männer und Frauen, ein Rehabilitationszentrum, ein Berufsausbildungszentrum und eine Kapelle. Heute leben etwa achtzig Patientinnen und Patienten im Heim, dazu kommt ein ständiger Strom von ambulanten Patientinnen und Patienten.

Die Grahams bezogen ein altes Haus auf dem Gelände der Mission und lebten bewußt sehr einfach. Gott schenkte ihnen drei Kinder: Esther Joy (geboren am 7. November 1985), Philip Graham (geboren am 31. März 1988) und Timothy Harold (geboren am 4. Mai 1992). Gladys sagt: «Wir betrachteten sie als wertvolle Geschenke, die uns anvertraut worden waren, damit wir sie zu gottesfürchtigen Menschen erzögen. Zunächst unterrichtete ich sie zu Hause. Dann mußten wir sie (Esther und Philip) zur Schule schicken. Obwohl es uns schmerzte, sie in Ootacamund, Tamil Nadu, also zweitausend Kilometer von Baripada entfernt, zurückzulassen, waren wir doch glücklich über die geistliche Atmosphäre an der Schule, an der sie unterrichtet wurden.

Auch Philip hatte eine missionarische Gesinnung. Er liebte alle und umgab jeden, der krank wurde, mit besonderer Fürsorge. Hatte einer seiner Freunde eine Verletzung, behandelte er ihn wie ein erfahrener Chirurg. Er und Esther liebten die Arbeit unter den Leprakranken, und in den Ferien genossen sie es, hier zu leben. Tim spielte gern Cricket, und er spielte gern mit den Kühen. Er stellte gewöhnlich die Stühle für die Versammlungen auf. Und er ‹predigte› oft von der Kanzel, wenn die Stühle leer waren! Alle drei Kinder liebten den Herrn, liebten die Menschen und sangen liebend gern. Vor allem der kleine Timothy komponierte eigene Lieder und sang sie dann.»

Was Klein-Timothy so sang? Hier ein Beispiel von einer Tonbandkassette:

Mächtiger Gott
Majestät, o Gott
Jesus, mein Herr Gott Jesus
Jesus oben im Himmel
Mächtiger Gott im Himmel
Ich liebe Gott
Du liebst mich
Jesus, ich liebe dich, Gott
Jesus wird nie sterben
Ich werde nie sterben
Wenn ich in den Himmel hinaufkomme
Jesus ist mein Herr
Jesus ist mein Heiland
Jesus liebt mich
Und ich liebe ihn
Alle Blumen hat er gemacht
Ich liebe Jesus –
Jesus liebt mich
Ich liebe dich, du liebst mich
Denn Gott ist oben im Himmel
Herr, mein Gott, mächtiger Gott
Im Himmel.

Tim konnte auch ein Lausbub sein. Mit besonderer Freude druckte er mit Fingerfarben seine Handabdrücke. Seine letzten Handabdrücke finden sich auf einem Poster in der Schule, mit dem er sich selbst vorstellte.

Viele wissen es vielleicht nicht: 1997 verbrachte die Familie Staines einen Heimaturlaub in Australien. Aber irgendwie fühlten sie sich alle dort nicht mehr daheim. So kehrten sie mit Freuden dahin zurück, wo sie ganz zu Hause waren – nach Baripada, Orissa.

An jenem bestimmten Abend in Manoharpur hatte Graham Gott für vieles zu danken. Er hatte eine wunderbare Frau, drei liebevolle Kinder und eine Mission, durch die er vielen Menschen dazu verhelfen konnte, ein menschenwürdiges Leben zu leben.

Mit dieser Freude im Herzen deckte er Philip und Timothy warm zu und befestigte eine Strohmatte auf dem Dach des Geländewagens, die sie vor dem eisigen Wind schützen sollte.

Dann legte er sich selbst zur Ruhe.

«Habt keine Angst vor denen, die nur den Körper, aber nicht eure Seele töten können! Fürchtet euch vor Gott, der Leib und Seele in der Hölle verderben kann.»

Matthäus 10,28

6. Mitternacht in Manoharpur

Es ist traurig, aber wahr: Wenn man einem Menschen zu oft eine Lüge erzählt, beginnt er sie vielleicht zu glauben. Und was er mit Überzeugung glaubt, das wird sein Handeln bestimmen. Die Verführung Deutschlands im Dritten Reich beweist das zur Genüge.

Auch in Indien gehen viele schlichte Leute gewissen Menschen mit bösen Absichten auf den Leim. Sie werden mit Lügen gefüttert und dazu verführt, sich gefährlichen Ideologien zu verschreiben. Manche, wie zum Beispiel die Mörder der Staines, werden aufgehetzt und zu einem Haß angestachelt, der keine Vernunft und keine Hemmungen mehr kennt. Sie sind zutiefst überzeugt, durch ihr Handeln ihrem Volk zu dienen.

Oder, schlimmer noch, Gott.

Noch im Tod unzertrennlich

Nach Angaben von Verteidigungsminister George Fernandes hat es zwischen 1986 und 1998 in Orissa mindestens sechzig Angriffe auf Kirchen gegeben. Er fügte hinzu, damit liege Orissa an der Spitze aller indischen Bundesstaaten. Graham wußte das.

Ihm war ferner bekannt, daß es auch in Manoharpur zu gewissen Spannungen gekommen war. Das beunruhigte ihn jedoch nicht übermäßig. Vor langer Zeit hatte er sich entschlossen, Jesus Christus nachzufolgen und keine Rücksicht darauf zu nehmen, was ihn diese Nachfolge kosten könnte. Oft hatte er die Apostelgeschichte gelesen und dabei gelernt, daß man nichts Wichtiges erreichen kann, ohne daß sich Widerstand dagegen regt.

In dieser Nacht ertönten Trommeln, denn eine Gruppe junger *Santals* veranstaltete einen traditionellen *Dangri*-Tanz. Sie befanden sich nur etwa hundert Meter vom Geländewagen der Staines entfernt. Es war gegen 0:20 Uhr am 23. Januar 1999.

Achtzig Minuten zuvor, gegen 23:00 Uhr am 22. Januar, hatte sich eine andere Gruppe in Jamadwar auf den Weg gemacht. Die Gruppe hatte einen Anführer, Dara Singh alias Rabindra Pal Singh. Nach mindestens neun Strafverfahren ist Singh kein Unbekannter für die Polizei. Er stammt ursprünglich aus Etawah, Uttar Pradesh, und wanderte 1981 nach Malipossi in Keonjhar aus. Seither hat er das Grenzgebiet zwischen Mayurbhanj und Keonjhar unsicher gemacht. Mit substantieller Hilfe der *Santals*, *Kulhos* und *Bathurias* hat er in der Region ständig für Unruhe gesorgt.

Sooft es irgendwo zu gewalttätigen Auseinandersetzungen kam oder zu Gewaltakten wie dem Überfall vom vergangenen Januar auf die Kirche im nahegelegenen Kesidha, tauchte Singhs Name unweigerlich in den Polizeiakten auf. Zufällig kannte er sich auch in Manoharpur gut aus. Er hatte dort bei einem Freund, Dipu Das, gewohnt und im Lebensmittelgeschäft der Familie gearbeitet.

Soutik Biswas (von *Outlook*) zufolge gestand Singh später einem Dorfbewohner von Manoharpur gegenüber den Mord an den Staines. Ein mit den Ermittlungen betrauter höherer Beamter sagte, Dara Singh und ein alter Freund, Dipu Das, bei dem er jahrelang in Manoharpur gewohnt hatte, hätten den Dorfbewohner einen Tag nach dem Mord getroffen und ihm erzählt, daß Dara dabeigewesen sei.

In einer kaltblütigen Operation – so wurde sie genannt – näherten sich Singh und sein Mob gegen 0:20 Uhr Manoharpur. Sie kamen von den Feldern her, bewaffnet mit

Dreschflegeln und Fischspeeren. Sie hatten nur ein Ziel: den Geländewagen. Beim Näherkommen begannen sie zu schreien.

Singh griff als erster an, schwang eine Axt und hieb die Reifen in Stücke. Die anderen schlugen die Autoscheiben ein und hinderten die Staines an der Flucht. Graham wurde gnadenlos zusammengeschlagen, und seine Söhne wurden ebenfalls nicht verschont. Alle drei wurden mit den Speeren verletzt. Dann stopfte Singh Stroh unter den Wagen und setzte es in Brand. Sekunden später stand das ganze Auto in Flammen. Graham drückte seine beiden Jungen fest an sich. Wer ihn gekannt hat, ist überzeugt, daß er einen Namen auf den Lippen hatte – Jesus Christus.

Die Killer standen da und sahen zu, wie die drei bei lebendigem Leibe verbrannten, während die Flammen den Geländewagen zerstörten. Jemand kam mit Wasser und wollte das Feuer löschen, wurde aber bedroht und davongejagt. Dr. Subhankar Ghosh, ein guter Freund Grahams, berichtet:

«Wir aßen gegen neun Uhr mit den Staines zu Abend, dann brachen sie gegen 21:45 Uhr auf, um im Geländewagen der Willys zu schlafen, der in der Nähe der Kirche abgestellt war. Ich übernachtete mit Mr. Gilbert Venz, einem ausländischen Freund der Staines, in einer der Hütten, knapp zweihundert Meter von der Kirche entfernt. Gegen Mitternacht wurden wir von seltsamen Rufen und Schreien geweckt, und ich warf einen Blick durchs Seitenfenster. Ich konnte nicht glauben, was ich sah. Ich hörte Rufe, Schreie, Schläge, das Knallen von Türen. Da waren etwa fünfzig bis sechzig Leute mit brennenden Fackeln in der Hand.

Sie riefen um den Geländewagen herum: ‹Maro, Maro ... Zindabad›. Bald begannen sie die Fenster des Jeeps mit Stangen und Stöcken einzuschlagen. Die rasende Menge hinderte Graham daran, mit seinen Kindern zu fliehen. Sie wurden brutal geschlagen. Dann sah ich den

Jeep plötzlich in Flammen stehen. Ich wußte, daß meine lieben Freunde zu Asche verbrennen würden. Die Angreifer hatten bereits die Türen der Hütten im Dorf blockiert, damit niemand den Staines helfen konnte. Ein paar Leute, die dem Mob Fragen zu stellen wagten, wurden bedroht. Die Dorfbewohner sagten, die Angreifer hätten ‹Dara Singh Zindabad› gerufen. Die Angreifer steckten auch einen zweiten Jeep in Brand, der in der Nähe stand, und der Fahrer, Mishael Hasda, wurde verprügelt und davongejagt. Nach einer Stunde machten sich die wütenden Fanatiker aus dem Staub. Ich schickte vier Leute unter der Leitung von Ruellia Suran mit Fahrrädern los, damit sie im achtzehn Kilometer von Manoharpur entfernten Thakurmunda die Polizei benachrichtigten.»

Hasda, der Fahrer des Geländewagens und seit über zwanzig Jahren Mitarbeiter der Staines, war ebenfalls ein Augenzeuge. Er sagt: «Ich erwachte vom Geschrei einiger Leute. Sie riefen: ‹Maro ... Maro ... Dara Singh Zindabad›, und es waren ungefähr fünfzig bis sechzig um den Jeep, in dem saibo und die Kinder schliefen. Sie schlugen mit Stangen und Steinen auf das Auto ein. Einige hatten auch Speere dabei. Plötzlich sah ich jemanden ein Bündel Stroh unter das Fahrzeug stopfen und es anzünden. Ich holte Wasser und versuchte, das Feuer zu löschen, aber einer von ihnen erwischte mich, schlug heftig auf mich ein und jagte mich fort.

Ich rannte zu Murmus Hütte und informierte ihn, und er machte sich schnell auf den Weg, um dem ‹Dorfchief› Bescheid zu sagen. Ich kehrte bald zurück, aber was ich da sah, war entsetzlich. Das Feuer hatte die zwei Fahrzeuge völlig zerstört, und mein saibo und die kleinen Philip und Tim waren zu Asche verbrannt. Es tut mir leid ... [an dieser Stelle begann er laut zu schluchzen.] Ich konnte nichts machen, um meinen saibo und die Kleinen zu retten. Meine Eltern waren geheilte Leprakranke und wohnten im Rehabilitationszentrum von Rajabasa. Dort wurde ich geboren. Die Staines behandelten mich wie einen

Sohn. Philip und Tim spielten immer mit meinen Kindern und nahmen sie auf ihren Fahrrädern mit. Die Zukunft der Mission ist in Gottes Hand ... unser Gott kann ...» [Weinen ...]

Eine Reihe von Dorfbewohnern, die vor dem entfesselten Mob flohen, berichteten anschließend, sie hätten einen breiten, hellen Lichtstrahl gesehen, der von oben auf das brennende Auto gerichtet gewesen sei. «Und ich glaube felsenfest», sagt Gladys, «daß mein Mann und meine Kinder von meinem Herrn und den Engelsheeren vom Himmel her ganz besonders gestärkt wurden.»

Ein Freund der Staines aus Australien, Gilbert Venz, der gerade zu Besuch da war, war ebenfalls in Manoharpur dabei. Er erinnert sich: «Das Dorf hatte sich zur Nachtruhe begeben, aber gegen 0:30 Uhr erhob sich auf der Straße draußen ein Aufruhr, an dem eine große Gruppe von Männern beteiligt sein mußte. Sie schrien: ‹Kommt nicht heraus, sonst töten wir euch!›

Ich war im Haus, und wir stellten fest, daß die Haustür von draußen blockiert worden war. Graham und die Jungs schliefen draußen im Jeep.» Da Venz drinnen eingeschlossen war, wußte er nicht, daß der Geländewagen angezündet worden war. Aber er hörte die ganze Zeit über den schrecklichen Lärm des Mobs.

Später, als er merkte, daß sich der Lärm legte, eilte er hinaus und rannte zu dem Wagen. Was er vorfand, war die ausgebrannte Karosserie. Und drei Leichen, zur Unkenntlichkeit verbrannt, eng umschlungen. Noch im Tod waren sie unzertrennlich gewesen.

«Wir konnten nicht glauben, was wir sahen», sagte Ghosh. «Wir waren wie betäubt. Graham war die personifizierte christliche Liebe und Barmherzigkeit. Und seine Kinder – liebevoll, fröhlich, immer spielten sie mit den Leprakranken und ihren Kindern! Wie können Menschen nur so böse sein!»

Die militante Bande hatte auch einen weiteren Jeep angezündet, der leer war und in der Nähe stand.

Sowohl Ghosh als auch Venz hatten jetzt nur einen Gedanken: Wie würden Gladys und Esther mit dem Verlust fertig werden?

«Es wird so weit kommen, daß man meint, Gott einen Dienst zu erweisen, wenn man euch tötet. Zu all dem werden Menschen fähig sein, weil sie meinen Vater und mich nicht erkannt haben.»

Johannes 16,2-3

7. Die Zeit nach dem Sturm

Die Chinesen glauben, daß es keinen größeren Schmerz gibt als den Schmerz von Eltern, die ihre eigenen Kinder überleben. Und bis heute vermißt Gladys ihre Söhne schmerzlich. Der Verlust Grahams und ihrer Söhne ist eine harte Glaubensprüfung gewesen.

Auch für die dreizehnjährige Esther ist es schwer gewesen. Aber sie vertraut immer noch dem Gott, an den ihr Vater geglaubt hat. Nur ein völlig verhärtetes Herz wäre nicht bewegt worden von den Worten, die sie bei der Beerdigung sagte: «Ich preise den Herrn, denn er hat meinen Vater für würdig befunden, für ihn zu sterben.»

Das Ereignis hat auch Grahams älteren Bruder John tief getroffen. Er sagte in Brisbane: «Ich wünsche den Mördern nicht, daß sie schwer bestraft werden, sondern daß sie sich schämen. Ich glaube – und mein Bruder hätte es auch geglaubt –, daß an diesen Leuten keine Rache geübt werden sollte.»

Man sagt zu Recht, einen Christen erkenne man nicht an seinen Aktionen, sondern an seinen Reaktionen. Und die Staines haben der Welt gezeigt, worum es bei echtem christlichem Zeugnis geht.

Bei der Beerdigung

Nach der amtlichen Leichenschau in Cuttack kamen die mit Blumen geschmückten Särge «nach Hause». Tausende warteten, um saibo die letzte Ehre zu erweisen. Ganz Baripada schien zum Stillstand zu kommen. Geschäfte waren geschlossen, und viele Beamte schlossen sich dem

Trauerzug an. Pradip Mohanty, der Vizepräsident des nationalen Rates des CVJM, sagte, dies sei «eine etwas andere Beerdigung. Bei den meisten Beerdigungen bestimmt ein naher Verwandter oder ein Freund den Ablauf. Diesmal war niemand da, der diese Rolle spielte. Doch alle – die Leute vom Ort und diejenigen, die von außerhalb angereist waren – taten einfach das Richtige. Als ob Gott selbst alles arrangiert hätte. Es herrschte vollkommene Harmonie in allen Details – in den großen und kleinen. Und wir spürten, daß das nur möglich war, weil Gott seine Gnade überströmen ließ».

Beim Abschiedsgottesdienst waren die Heimbewohner außer sich vor Schmerz. Nur Gladys konnte sie trösten. Sie und Esther saßen bei ihnen auf dem Boden, direkt neben den drei Särgen – während ihnen das Beileid ausgesprochen wurde und andere Trauergäste tröstende Verse aus der Bibel vorlasen. Viele sangen mit, als Gladys und Esther in *Santali* das Lied anstimmten:

Es gibt keinen Freund wie Jesus, der sich selbst
    erniedrigte.
Nein, keinen einzigen! Nein, keinen einzigen!
Kein anderer könnte alle Krankheiten unserer Seele
    heilen.
Nein, kein einziger! Nein, kein einziger!

Jesus kennt all unsere Kämpfe und Probleme,
Er wird uns leiten, bis der Tag zu Ende ist.
Es gibt keinen Freund wie Jesus, der sich selbst
    erniedrigte.
Nein, keinen einzigen! Nein, keinen einzigen!

Es gibt keine Stunde, in der er nicht bei uns ist.
Nein, keine einzige! Nein, keine einzige!
Es gibt keine Nacht, die so dunkel ist, daß seine
    Liebe uns nicht aufmuntern kann.
Nein, keine einzige! Nein, keine einzige!

Als Gladys vorher an den Särgen vorbeigekommen war, hatte sie die wunderschönen Rosen gesehen und gesagt: «Timothy hat Rosen gern gehabt. Lieb von euch, daß ihr so viele Rosen gebracht habt.»

Während des ganzen Gottesdienstes wirkte sie gefaßt und von Frieden erfüllt. Ihr ganzes Leben lang hatte sie den lebendigen Gott beim Wort genommen und seinen Verheißungen vertraut. Warum also hätte es in dieser größten Prüfung, die sie durchleben mußte, anders sein sollen? Denn:

«Was also könnte uns von Christus und seiner Liebe trennen? Leiden und Angst vielleicht? Verfolgung? Hunger? Armut? Gefahr oder gewaltsamer Tod? Gewiß nicht! Es heißt ja schon in der Heiligen Schrift: ‹Wie Schafe, die geschlachtet werden sollen, wird man uns deinetwegen überall verfolgen und töten.› Aber dennoch: Wir werden über das alles triumphieren, weil Christus uns so geliebt hat. Denn da bin ich ganz sicher: Weder Tod noch Leben, weder Engel noch Dämonen, weder Gegenwärtiges noch Zukünftiges, noch irgendwelche Gewalten, weder Himmel noch Hölle oder sonst irgend etwas können uns von der Liebe Gottes trennen, die er uns in Jesus Christus, unserem Herrn, bewiesen hat» (Römer 8,35-39).

Kein Wunder, daß Gladys und Esther bei der Beerdigung dem auferstandenen Herrn mit Zuversicht und Freude zusingen konnten: «Weil er lebt, kann ich mich dem Morgen stellen.»

In ihren eigenen Worten

Zunächst – erinnert sich Gladys – sagte man ihr, nur der Geländewagen sei beschädigt worden.

Später informierte man sie dann, es habe im Camp einen «Zwischenfall» gegeben, und Graham und die Jungen seien verschwunden. Schließlich benachrichtigte ein Regierungsbeamter sie, daß die drei tot seien. Nach dem ersten Schock dachte sie an Esther. Sie suchte sie, nahm sie liebevoll in den Arm und flüsterte: «Jetzt sind wir allein.»

Doch Gott hatte sie auf diesen Augenblick vorbereitet. Sie erzählt:

«Ich glaube, daß Gott mich während meiner morgendlichen Stillen Zeit am 14. Januar ganz konkret angesprochen hat. Ich benutze für meine tägliche Bibellese eine Bibellesehilfe mit Anmerkungen. Zum Bibeltext dieses Tages war eine Geschichte etwa folgenden Inhalts abgedruckt: In einem Hospital lag ein zwölfjähriges Mädchen, das allmählich sein Augenlicht verlor. Sein Pastor kam und besuchte es, und es sagte zu ihm: ‹Herr Pastor, Gott nimmt mir mein Augenlicht.› Der Pastor schwieg lange, dann antwortete er: ‹Jessie, laß ihn das nicht tun!› Das Mädchen war verwirrt, und dann fuhr der weise Pastor fort: ‹Gib es ihm!›

Als ich über diese Geschichte nachdachte, fragte mich eine innere Stimme, ob ich auch bereit sei, ihm alles zu geben, was ich liebe – meinen Mann, meine Kinder, meinen Besitz. Ich habe lange mit dieser Frage gerungen. Tränen begannen meine Wangen hinunterzulaufen.

Dann sagte ich zu Gott: ‹Herr Jesus, ja, ich bin bereit. Nimm alles, was ich habe, und gebrauche es so, wie du willst – meinen Mann, meine Kinder und alles, was ich habe. Ich liefere das alles dir aus.›

Der Herr tröstete mich mit den Worten: ‹Weißt du nicht, daß Abraham mich erfreut hat, indem er seinen eigenen Sohn Isaak opferte?›

In diesen Tagen hat mich unser treuer Herr auf sehr ungewöhnliche Weise gestärkt.»

Gladys muß in diesem Zusammenhang auch an den zehnjährigen Philip denken. Seit er Ferien hatte und nach Hause gekommen war, war ihm offenbar ein Lied immer wieder im Kopf herumgeschwirrt. Und er hatte es immer und immer wieder gesungen:

Wenn die Trompete des Herrn erschallen wird
Und keine Zeit mehr sein wird
Und der ewige, helle und klare Morgen anbricht;
Wenn die Geretteten der Erde sich versammeln
Drüben am anderen Ufer
Und dort die Namen aufgerufen werden, werde ich
    dabeisein.

An jenem hellen und wolkenlosen Morgen,
An dem die in Christus Gestorbenen auferstehen
Und die Herrlichkeit seiner Auferstehung teilen
    werden;
Wenn seine Erwählten sich versammeln
Und der Heimat jenseits des Himmels zustreben
    werden
Und dort die Namen aufgerufen werden, werde ich
    dabeisein.

Laßt mich für den Meister arbeiten
Vom Morgengrauen bis zum Sonnenuntergang.
Laßt mich von all seiner wunderbaren Liebe und
    Fürsorge erzählen:
Und wenn dann dieses Leben vorbei ist
Und ich meine Arbeit auf Erden vollendet habe
Und dort die Namen aufgerufen werden, werde ich
    dabeisein.

Wenn dort die Namen aufgerufen werden,
Wenn dort die Namen aufgerufen werden,
Wenn dort die Namen aufgerufen werden,
Wenn dort die Namen aufgerufen werden, werde ich
    dabeisein.

«Wie schnell wurden ihre Namen aufgerufen; und sie
sind jetzt bei meinem Herrn. Und jetzt erinnere ich mich
auch, wie mein Heiland Jesus mich darauf vorbereitet
hatte, daß ich diese große Wirklichkeit akzeptieren konn-

te. Es tut mir unendlich leid, daß die Leute meinem Mann und meinen Kindern so etwas antun konnten. Aber ich bin nicht zornig, weil ich einfach glaube, daß mein Mann, Timothy und Philip von Gott zu sich gerufen wurden und daß sie bereit waren zu sterben. Übrigens war das letzte Buch, das Graham gelesen hat, ‹Jungle Pilot›, die Geschichte von Nate Saint, der mit Jim Elliot, Roger Youderian, Ed McCully und Pete Fleming im Januar 1956 von Auca-Indianern als Zeuge Jesu getötet wurde.

Ich bin dankbar, daß Gott sie um Jesu willen hat leiden lassen. Ich bete aufrichtig: ‹Vater, vergib ihnen, denn sie wissen nicht, was sie tun.› Und ich glaube, daß denen, die Gott lieben, alle Dinge zum Besten dienen; denen, die nach seinem Ratschluß berufen sind. Durch dieses Ereignis wird Gott ganz gewiß seinen ewigen Ratschluß verwirklichen. Preis sei seinem Namen.»

Als man sie fragte, ob sie jetzt vorhabe, Indien für immer den Rücken zu kehren, sagte Gladys: «Nein, nie. Mein Mann und unsere Kinder haben ihr Leben für dieses Volk geopfert. Indien ist meine Heimat. Ich bleibe gerne hier.

Das Wichtigste im Leben eines Christen ist, den Willen des Herrn zu kennen. Lange bevor ich nach Indien kam, hat mir der Herr geoffenbart, daß ich ihm als Missionarin dienen würde. Deshalb bin ich ganz zufrieden mit dem, was ich jetzt tue. Ich glaube, daß ich jetzt seinem vollkommenen Willen entspreche, indem ich den Leprakranken und den Unterdrückten von Orissa diene. Ich weiß, an wen ich glaube. Er ist in der Lage, mich und meinen Dienst aufrechtzuerhalten, bis er mich zu sich ruft – wie meinen Mann und meine Kinder.

Die drei sind heute gewiß in der Gegenwart meines Herrn Jesus geborgen. Denn die Bibel sagt: ‹Den Leib verlassen und daheim sein bei dem Herrn›. Sie sind jetzt im Himmel, wo es kein Feuer der Verfolgung und keine Qualen mehr gibt. Und sie warten darauf, mich zu begrüßen.

Außerdem, wenn man auf dem Missionsfeld ist, kann man an Malaria, Gelbsucht oder Cholera sterben. Aber es hat dem Herrn gefallen, daß mein lieber Mann und meine Kinder von hiesigen Fanatikern lebendig verbrannt wurden. Ich glaube, so etwas würde nie geschehen, wenn mein Herr es nicht zuließe.

Jeder wird zu einem bestimmten Zweck berufen. Und wer seine Aufgabe erfüllt hat, den ruft der Herr heim, damit er bei ihm ist. Deshalb habe ich keine Angst vor morgen. Ich glaube, daß Gott mich berufen hat, ihm zu dienen, indem ich für die Leprakranken und die armen Menschen der niedrigsten Kasten da bin. Für Gott sind sie so wertvoll, und auch ich liebe sie, so wie mein Mann und meine Kinder sie geliebt haben.

Mein Gott hat alle Situationen und Umstände im Griff. Er tut nur Gutes. Er ist meine Kraft und meine Zuflucht. Er hat verheißen, mich ‹nie zu versäumen noch zu verlassen›. Mit dieser Hoffnung will ich Indien dienen.

Der Herr hat jeden einzelnen seiner Arbeiter berufen, ihm vorbehaltlos zu dienen und ein Leben zu führen, das ein ‹Opfer ist, Gott zu einem lieblichen Geruch›. Führe treu aus, was immer dir zu tun aufgetragen ist. Gib nie der Versuchung nach, aufzugeben. Sag nie ‹Schluß!›, selbst wenn du verfolgt oder bedroht wirst. Blicke stets auf Jesus, den Anfänger und Vollender.

Ich habe nur *eine* Botschaft für die Menschen in Indien. Ich bin nicht bitter. Ich bin auch nicht zornig. Ich kann den Mördern ihre Taten vergeben. Ihre Sünden kann ihnen nur Jesus vergeben. Aber sie müssen darum bitten. Ich habe einen großen Wunsch: daß alle Einwohner dieses Landes eine persönliche Beziehung zu Jesus Christus eingehen; zu ihm, der sein Leben für ihre Sünden dahingab. Jeder Inder sollte wissen, daß Gott ihn oder sie liebt, und sie sollten sich ihrerseits ihm anvertrauen und sich bemühen, einander zu lieben. Laßt uns den Haß verbrennen und die Flamme der Liebe Christi ausbreiten.»

Im Mai 1999 erlitt Gladys noch einen weiteren Schlag, als ihre Mutter, May Weatherhead, im Alter von 79 Jahren in Australien starb. Doch trotz ihrer Prüfungen bleibt ihr Glaube an ihren Herrn fest. Heute dient sie nach wie vor den Leprakranken im Heim in Mayurbhanj. Obwohl die Arbeit ohne Graham besonders schwierig geworden ist. Für die Patientinnen und Patienten, die befürchteten, sie könnte nach den schrecklichen Ereignissen abreisen, ist das eine gute Nachricht gewesen. «Der Herr ist groß. Wir sind keine Waisen geworden», sagen sie unisono.

Gladys muß allerdings zugeben: «Mein Mann arbeitete gewöhnlich für fünf. Ich bin eigentlich Hausfrau, und mir sind körperliche Grenzen gesetzt. Ich bete: ‹Herr, ich schaffe das nicht allein. Du kannst deine Erwählten erwecken, damit sie sich an diesem anspruchsvollen Dienst beteiligen.› Wenn die Christen Indiens sich an der Unterstützung der Arbeit unseres Lepraheims beteiligen könnten, wäre das in der Tat großartig. Gott ist am Werk, das stimmt, und darüber freut sich Satan nie. Wir können nur mit weiterer Verfolgung rechnen.»

Esther geht weiterhin zur Hebron School in Ooty. Zu Hause in Baripada liegt ein gerahmtes Poster, das Graham geliebt hat. Darauf steht ein einziger Vers:
«Der Herr ist mein Felsen und meine Burg.»

In allen Jahrhunderten ist die Kirche verfolgt worden. Aber nie wurde sie mehr verfolgt als heute. Das 20. Jahrhundert wird als Jahrhundert der Märtyrer in die Geschichte eingehen. Die Weltweite Evangelische Allianz (WEF), die 150 Millionen Christen in 113 Ländern repräsentiert, schätzt, daß allein im 20. Jahrhundert über hundert Millionen Christen ihren Glauben mit dem Leben bezahlt haben.

Sie alle sind, wie die Staines, in dem Glauben gestorben, daß es einen Gott gibt, für den es sich zu sterben lohnt!

Die Lepramission in Mayurbhanj

«In Christus gibt es weder Osten noch
Westen. In ihm gibt es weder Süden noch
Norden. Sondern eine große Gemein-
schaft der Liebe in der ganzen weiten
Welt.»
Andrew Cecil

Miss Kate Allanby, 1890

Miss Kate Allanby, 1929

Miss Olive Alcorn mit einem indischen Ehepaar

8. Alles begann mit einer Frau

Würden Sie gehen?

Wir schreiben das Jahr 1895. Sie sind 24 Jahre alt und würden am liebsten einen netten jungen Mann kennenlernen, heiraten und eine Familie gründen. Ja, Gott ruft Sie, es *ist* sein Wille, aber müssen Sie Brisbane verlassen? Müssen Sie alles hinter sich lassen – Ihre Eltern und Ihren Freundeskreis, Ihre Vergangenheit und Ihre ganze Zukunft? Alles wegen der Leprakranken von Mayurbhanj?

Wenn ja, werden Sie ein schweres Leben vor sich haben. Sie werden in einem kleinen, einfachen einheimischen Haus mit strohgedecktem Dach wohnen. Sie werden keine Möbel haben, nicht einmal ein Bett. Um sie herum schroffes Bergland und dichter Urwald. Den größten Teil des Jahres über führen die Flüsse kaum Wasser. Außer in der Regenzeit, dann können sie sich allerdings plötzlich in häßliche reißende Ströme verwandeln.

Selbst kurze Distanzen sind nur mit Mühe zurückzulegen. Entweder zu Fuß oder mit dem Ochsenkarren. Was noch schlimmer ist, es gibt keine Brücken. Sie werden auch meistens ganz allein sein. Wären Sie unter solchen Umständen dem Druck und den jederzeit lauernden Gefahren der Elemente und der wilden Tiere gewachsen?

Ehrlich: Wenn Sie Kate Allanby oder einer der anderen zwanzig Missionare gewesen wären, die ihr folgten – hätten Sie Gott und seinem Auftrag vertraut?

Würden Sie *wirklich* gehen?

Ihr Nächster?

Er lag nur zitternd da. Und obwohl sein Gesicht mit einem Laken zugedeckt war, hörten wir ihn ununterbrochen stöhnen: ein leises, schmerzliches Röcheln. Ein Infusionsschlauch führte ihm die einzige Nahrung zu, die sein Körper noch aufnehmen konnte. Ein paar Hausfliegen hatten sich auf dieser Lebensader niedergelassen, ein paar weitere krabbelten über das Bett und das Laken.

Man hatte uns gesagt, daß er im Sterben lag. Und als wir jetzt an seinem Bett standen, war nicht zu übersehen, daß der Tod zwar auf ihn zukam, jedoch langsam und qualvoll. Ich konnte es fast nicht ertragen. Ich hatte das Gefühl zu ersticken. Ich wollte weg, nur weg, irgendwie hinaus aus diesem Haus, irgendwohin. Fort von dieser Realität.

Die schlichte Wahrheit ist, daß keiner von uns so stark ist, wie er zu sein meint. Nur wenige können angesichts solchen Leidens trotzig an der Hoffnung festhalten, geschweige denn ein ganzes Leben lang an einem solchen Ort ausharren und dieses Meer der Angst ausloten und irgendwie versuchen, Mitmenschen das Leben ein wenig erträglicher zu machen.

Die Zeit, die wir an diesem Morgen bei einem Sterbenden in Shantidaan, einem Heim der Missionaries of Charity, verbrachten, war wie eine Kerze für unsere Seelen. Solche Augenblicke rufen nicht nur, sie schreien ins Herz und zwingen einen zum Nachdenken. Darüber, daß es viele Inder gibt, die – während Sie diese Worte lesen – allein sterben, verzweifelt und unter schrecklichen Schmerzen, während wir anderen, ihre Brüder, uns zurücklehnen und unser Cricketspiel genießen.

Dabei kann sich kein Inder von der kollektiven Verantwortung für diese Menschen befreien. Wir dürfen sie nicht einfach ein paar Institutionen überlassen. Denen wiederum ist nur zu bewußt, daß angesichts der Lage in Indien *mehr* gebraucht wird, *viel* mehr. Mutter Teresa hat es einmal so ausgedrückt: «Was wir tun, ist nicht mehr als ein Tropfen im Ozean. Aber wenn wir es nicht täten, würde eben dieser Tropfen im Ozean fehlen.»

Diese Hilfsinitiativen hat auch keine einzelne Gemeinschaft für sich gepachtet. Viele einzelne Gemeinschaften und Institutionen arbeiten heute in ganz Indien zusammen, um einer Nation zu dienen, die von Krankheiten und Armut gezeichnet ist. Und wir freuen uns darüber, was Gott durch ihre Arbeit bewirkt.

Die christlichen Missionen haben im Lauf der Jahre auch zum Wohl der indischen Nation beigetragen. Und doch hat es in jüngster Zeit viel Gewalt gegen diese Institutionen gegeben. Die Übeltäter geben Patriotismus als Motiv an. Brutal und zu allem entschlossen richten sie Verwüstungen an, vergießen Blut und zerstören nationale Monumente der Fürsorge durch Akte ungerechtfertigter Feindseligkeit – Einrichtungen für Menschen auf der Schattenseite des Lebens. Ironischerweise haben manche der gebildeteren Verfechter dieser Gewalt selbst von christlichen Institutionen profitiert.

Einer christlichen Mission in Mayurbhanj, Orissa, hatte Graham Staines 34 Jahre treu gedient. Die Mission hatte sich im Lauf der Jahre auf die Behandlung und Rehabilitation Leprakranker konzentriert. Die folgenden Kapitel berichten vom Leben und den Opfern derer, die im Rahmen dieser Mission gearbeitet haben.

Eine Mission entsteht ...

Sie entspricht einfach nicht der Wirklichkeit.

Ich meine damit die Karikatur des indischen Maharadschas. Und doch wird er in der populären Literatur und im Film immer und immer wieder als besonders abscheuliche Kreatur dargestellt, die zu Aberglauben neigt und keine menschliche Regung kennt außer Lust und Gier.

Betrachten wir die Geschichte unvoreingenommen, bekommen wir jedoch ein anderes Bild. Neben Despoten gab es auch durchaus wohltätige Herrscher. Der Staat Mayurbhanj, der heute zu Orissa gehört, hatte das Glück, einige solcher Könige zu haben. Aus ihnen ragt vor allem Sri Ram Chandra Bhanj Deo heraus.

In jungen Jahren verlor Sri Ram Chandra beide Elternteile, eine traumatische Erfahrung. Er war damals gerade zwölf Jahre alt, und so war der Schock verständlicherweise groß. «Der Junge fühlte sich natürlich von diesem Schlag wie gelähmt», berichtet sein Biograph, Sailendra Nath Sarkar, «und da er von Natur aus schüchtern war, wurde er nun außerordentlich in sich gekehrt und depressiv.»

Doch dann faßte sich der Prinz ein Herz und beschloß, weiter zu lernen. Das tat er ein Jahr lang, dann ergab sich die Möglichkeit, sich in Cuttack weiterzubilden.

Und dort sollte er seinem Förderer, Mentor und Freund H. Bartram Kiddell begegnen. Später erinnerte sich Kiddell nur noch, daß er auf schnellstem Wege nach Darjeeling gebracht wurde, wo man ihn nach seiner Ankunft informierte, daß er die Erziehung des Prinzen von Mayurbhanj übernehmen sollte. Er sollte ihn prägen, lehren und durch eine schmerzliche und turbulente Adoleszenz hindurchbegleiten.

Von der Vorstellung fasziniert, jemanden auf seinem Lebensweg zu begleiten, der ein solches Potential hatte, nahm Kiddell die Herausforderung an. Und für die nächsten zwölf Jahre wohnte er mit seinem Schützling unter einem Dach. Auch Kiddells Frau trug viel dazu bei, das Leben des klugen jungen Prinzen zu prägen.

Sie war von Natur aus sehr mitfühlend und kümmerte sich viel und intensiv um die Leprakranken von Mayurbhanj. Später gründete Maharadscha Sri Ram Chandra dann ein Pflegeheim für eben diese armen und vergessenen Menschen, und dahinter steckte als treibende Kraft Mrs. Kiddell.

Die Arbeit unter den Leprakranken erwies sich allerdings als zu anstrengend für eine Frau, die sonst schon alle möglichen Aufgaben hatte. So tat Mrs. Kiddell, soviel sie konnte. Sie betete aber gleichzeitig, Gott möge dafür sorgen, daß das Problem gelöst würde.

Sie konnte damals nicht ahnen, daß ihr Gebet über Bitten und Verstehen hinaus erhört werden würde. Daß Gott eine Mission ins Leben rufen würde, die so erfolgreich und so gesegnet arbeitete, daß sie noch weit über Mrs. Kiddells Tod hinaus existieren und wirken würde. Bis zum heutigen Tag – 104 Jahre später.

Von Frau zu Frau

Wenn Gott eine Last auflegt, hilft er auch tragen. An einem Spätnachmittag erzählte Mrs. Kiddell einer australischen Freundin und Mitarbeiterin, Miss Gilbert, von ihrem Anliegen. Die Australierin war als Krankenschwester und Missionarin im Land. Im Verlauf des Gesprächs begann es im Kopf von Miss Gilbert zu arbeiten.

Ihr kam immer wieder eine junge Frau in den Sinn, der sie in Bengalen begegnet war: Kate Allanby. Ob diese junge Frau wohl für die Pionierarbeit in Mayurbhanj zu interessieren wäre? Für eine Arbeit unter den Ärmsten der Armen und ein Leben, das sich total von dem Leben unterscheiden würde, wie es junge Frauen in ihrem Alter normalerweise führten?

Würde sie zusagen? Miss Gilbert schilderte Kate, was sie auf dem Herzen hatte, und überließ Gott den Rest. Es dauerte nicht lange, da verspürte Kate ein starkes inneres Drängen, und nachdem sie darüber gebetet hatte, nahm sie die Einladung an. Mit ihrer Ankunft bekam die Arbeit im Heim einen neuen Aufschwung – durch Impulse von einer jungen Frau mit einem wachen Geist und einem tiefgeistlichen Temperament.

Kate war 1871 in Australien geboren worden. Ihre Eltern Joseph und Mary hatten sich als Auswanderer auf der Schiffsreise von England nach Australien kennengelernt.

Sie heirateten dann und ließen sich in Brisbane nieder. Beide waren Menschen des Gebets, und sie wünschten sich, ihre Kinder in Gottesfurcht zu erziehen.

In der Zeit, in der Mary mit Kate schwanger war, starb ihr erstes Kind – ein Sohn, den sie bei der Geburt Gott geweiht hatten und von dem sie hofften, daß er zu gegebener Zeit in den vollzeitlichen Dienst für Gott treten würde. Nun ruhten ihre Hoffnungen auf ihrem zweiten Kind. Da sie davon ausgingen, daß Kate als Frau nicht in den Verkündigungsdienst in einer Gemeinde treten, aber sich zum Beispiel als Lehrerin in den Dienst Gottes stellen könnte, bemühten sie sich, ihr eine möglichst gute Ausbildung zu ermöglichen.

Bereits im Alter von neun Jahren erwies sich Kate als außerordentlich interessiert an geistlichen Dingen. In dieser Zeit wurde noch eine kleine Schwester in die Allanby-Sippe hineingeboren, während sich die Familie gerade in einer finanziell sehr kritischen Situation befand. Als die Eltern überlegten, wie sie ihre kleine Tochter nennen sollten, mischte sich Kate ein: «Weißt du, Mutter, ich finde, wir sollten sie Grace (‹Gnade›) nennen, denn wir brauchen jetzt ganz viel Gnade.» Und die kleine Schwester wurde tatsächlich Grace genannt; sie, die später einmal Kates Mitarbeiterin in Indien werden sollte.

Kate besaß auch eine natürliche Intelligenz, die diejenige ihrer Altersgenossen weit übertraf. Sie studierte an der Universität von Sydney, bekam in den Jahren ihres Studiums eine Reihe von Stipendien und Auszeichnungen und schloß es dann erfolgreich ab. Besonders hervorstechend war ihre Sprachbegabung, die ihr in ihrer späteren Arbeit besonders zugute kommen sollte.

Bei einer Versammlung mit Dr. Harry Guinness entschied sie sich, Missionarin zu werden. Im Laufe der Veranstaltung vernahm sie unmißverständlich Gottes Ruf, hinauszuziehen und in fernen Ländern für ihn zu wirken. Und während sie wartete, daß Gott ihr die Tür zu einem vollzeitlichen Dienst öffnen würde, studierte sie weiter in ihrer Schule und in der Kirche und errang dabei viele «Goldmedaillen».

Nicht lange vor ihrem 19. Geburtstag begegnete sie Miss Plasted, einer Missionarin, die in Naokhali, Bengalen, arbeitete und im Heimaturlaub war. Und als sie diese Frau von ihrer Arbeit erzählen hörte, spürte Kate, wie der Heilige Geist ihr Herz anrührte, und ging bereitwillig darauf ein.

Am 15. November 1890 reiste sie nach Indien aus. Sie war erst neunzehn Jahre alt, eigentlich zu jung, um in einem fremden Land als Missionarin zu arbeiten.

Nach ihrer Ankunft begann sie sofort mit dem *Bengali*-Studium und beherrschte die Sprache nach sechs Monaten einigermaßen. Drei Jahre lang arbeitete sie unermüdlich, doch leider verließen sie die körperlichen Kräfte, und sie kam fast an den Rand eines Zusammenbruchs. Auf Anraten ihrer Vorgesetzten kehrte sie nach Australien zurück, wo sie in den nächsten achtzehn Monaten im Heimatbüro der Mission arbeitete.

Während dieser Zeit erhielt sie den Brief von Miss Gilbert. Und sie gewann den Eindruck, der Herr leite sie, ihm noch einmal in Indien zu dienen.

Kate traf im Dezember 1895 in Mayurbhanj ein. Sie war 24 Jahre alt. Ihr Heim war ein schlichtes ortsübliches Haus, aus luftgetrockneten Lehmziegeln gebaut, mit einem strohgedeckten Dach. Kerosinkanister und Blechbehälter dienten als Möbel, und es gab kein Bett. Im ersten Jahr blieb Miss Gilbert bei ihr.

Wenn jemand nach Mayurbhanj gefragt hätte, hätte er im allgemeinen zur Antwort bekommen: «Weit weg – im Dschungelgebiet von Orissa.» Mayurbhanj war damals der größte von 17 unabhängigen Staaten in der Provinz Orissa. Das Gebiet war bergig und dicht bewaldet. Die Bevölkerung setzte sich hauptsächlich aus Oriya, Bengali und Angehörigen einheimischer Stämme zusammen.

Der Maharadscha, Sri Ram Chandra Bhanj Deo, unterstützte die Missionsarbeit, wo er nur konnte. Und Kate war in seinem Palast an der Hauptstraße von Baripada immer willkommen. Zusammen mit Kate überlegte der Maharadscha stets, wie er die Lebensbedingungen seiner Untertanen verbessern könnte.

Mit seiner Unterstützung wurde 1895 das Mayurbhanj Leprosy Home gegründet. Später, im Jahr 1907, ließ er etwa zwei Meilen von Baripada entfernt größere und stabilere Häuser bauen. Die Arbeit, die Mrs. Kiddell angefangen hatte, wuchs nun ständig, und Gottes Hand ruhte auf der Mission.

Außerdem erwies sich Kate Allanby als Frau mit ungewöhnlicher Stärke und außerordentlichem Weitblick.

«Geben ist seliger als nehmen.»

Apostelgeschichte 20,35

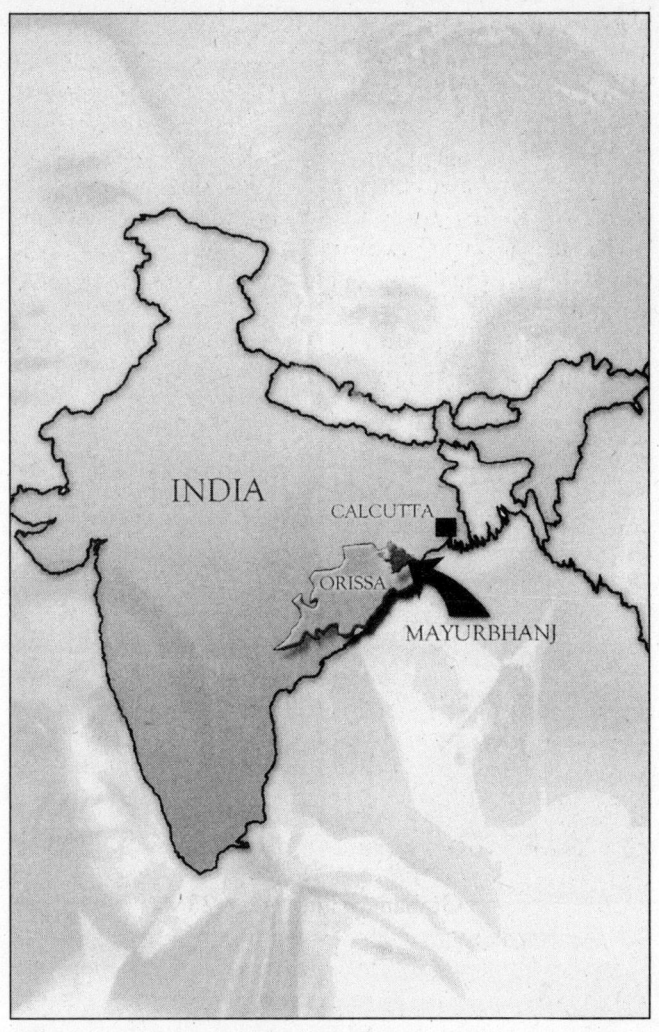

Die Lage des Staates Orissa und von Mayurbhanj
im speziellen

Graham Staines als 23jähriger junger Mann

THE STAINES FAMILY

As for me and my house, we will serve the Lord. - Joshua 24:15

Graham und Gladys Staines mit ihren drei Kindern
(auf dem Cover einer christlichen Zeitschrift)

Esther inmitten einer ganzen Schar indischer
Kinder

Esther 1988 beim Mahlen des Korns

Graham Staines mit Philip, Timothy und Esther im
Jahr 1998

Zwei ehemalige Leprakranke in der Rehabilitations-
klinik von Graham Staines

Graham,
Timothy and
Philip Staines

MURDER
OF A MISSIONARY

The burning of an Australian
social worker and his two
sons reveals a growing
frenzy of intolerance among
Hindu fanatics

ALSO BAJRANG DAL: LUMPENS AT LARGE ◆ NRIS: THE DREAM THAT DIED

Viele indische Zeitschriften widmeten dem Mord an
Graham Staines und seinen Kindern Timothy und
Philip die Cover-Story

Die beiden ausgebrannten Jeeps (im Hintergrund derjenige von Graham Staines)

In diesem Jeep verbrannten Graham, Philip und Timothy am 23. Januar 1999

Die Beerdigungsfeier von Graham, Philip und Timothy Staines

Die Särge von Graham, Philip und Timothy – und ein Blumenmeer

Der Friedhof, auf dem Graham, Philip und Timothy
begraben sind

Zwei der vielen Kirchen, die in Indien in letzter Zeit
mutwillig zerstört worden sind

Gladys Staines nach dem Verlust ihrer Lieben: Das Leben und die Arbeit unter den Leprakranken müssen weitergehen, der Trauer zum Trotz

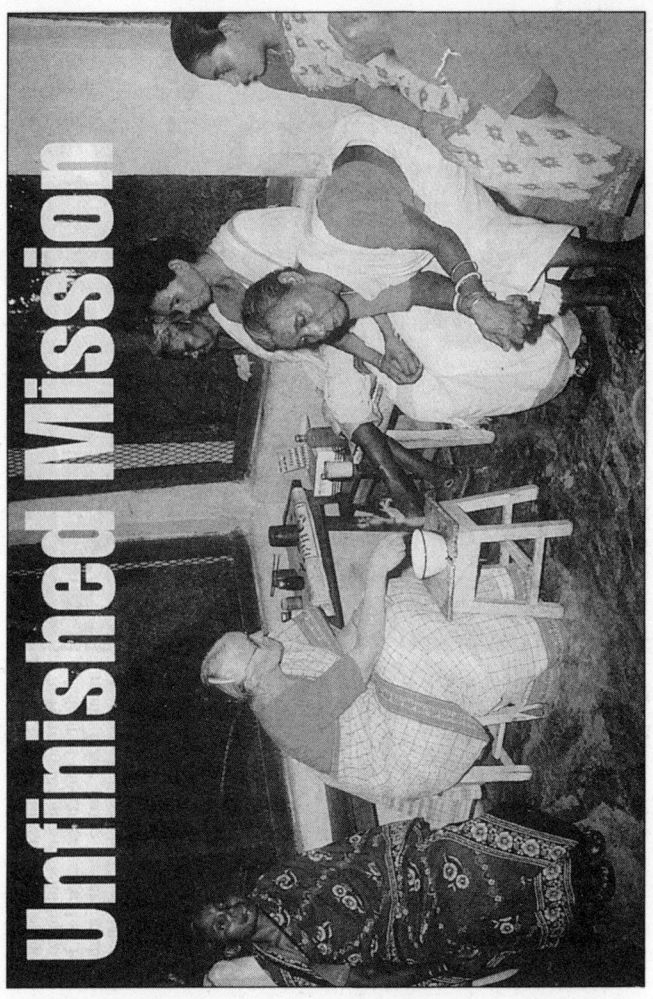

Auch wenn die Tränen eben erst versiegt sind –
Gladys setzt ihre ganze Kraft wieder für die Klinik
und die Leprakranken ein.

Gladys und Esther, zwei Wochen nach dem Schock, mit dem Bild von Graham, Philip und Timothy

9. Ein Zufluchtsort für Verzweifelte

Wenn Sie heute die Frage stellen: «Wie sollen Ihre Kinder einmal werden?», dann würden Sie wahrscheinlich Antworten bekommen wie: «Hm … gebildet, gesund … reif, intelligent, selbstbewußt, erfolgreich … und angesehen.» Gute Wünsche, aber nicht gut genug. Wie viele würden sagen: «Wie Jesus»?

Der Schriftsteller Jamie Buckingham hat feste Vorstellungen. In den letzten Absätzen seines Buches *Risky Living* spricht er von seinem Wunsch, seine Kinder herauszufordern, ihre Zukunft in etwas zu investieren, das sie ihr Leben kosten könnte – zur Ehre Gottes. Mehr als alles andere sucht er den Willen Jesu für sie. Da er weiß, daß ihnen dann alles andere, was wichtig ist, zufallen wird.

Wir indischen Christen sind jedoch in einem ganz anderen Denken, einem «verkehrten» Denken, gefangen. Und aufgrund dieses Denkens wird die große Mehrheit unserer Kinder einfach so erzogen, daß sie sich möglichst nahtlos in eine säkulare Welt einfügen. Daß sie missionarisch leben, daß sie dem Herrn dienen, daß sie ihm wirklich den ersten Platz in ihrem Leben einräumen – das ist uns nicht so wichtig.

Oft beten wir inbrünstig und bitten den Herrn der Ernte, mehr Arbeiter zu senden. Und merken dabei nicht – oder wollen vielleicht nicht merken –, daß er uns *selbst* in den aktiven christlichen Dienst beruft. Oder, schlimmer noch (jedenfalls schlimmer aus unserer selbstsüchtigen und menschlichen Perspektive), daß er unsere Kinder beruft. Warum ausgerechnet *sie*, Herr?

Zum Glück für die Leprakranken von Mayurbhanj hatten die Allanbys keine solchen Vorbehalte. Nein, sie betrachteten es als Ehre, als göttliches Privileg, ihre geliebte Tochter, ihren Augapfel, ziehen zu lassen, damit sie den Armen in Indien dienen konnte.

Eine Frau und Gottes Auftrag

Kate Allanby wußte, daß sie nie allein war. Und daß eine Person plus Christus immer in der Überzahl und allem gewachsen ist – sei es einer Überschwemmung, einer Hungersnot oder einer tödlichen Epidemie. Der Satz «Ich brauche nur den Herrn» erwies sich in ihrem Leben als wahr, denn sie hatte buchstäblich nur den Herrn. Schließlich hatte sie alles zurückgelassen – ihre Jugend, ihre Familie und ihr Leben –, um ihm und den Armen von Mayurbhanj zu dienen. Seine Liebe allein war ihr Lohn genug.

Die Lebensbedingungen waren alles andere als angenehm. Sogar Wasser war wertvoll. Brot, das wir so selbstverständlich hinnehmen, war ein Luxus. Es konnte nur einmal in der Woche geliefert werden. Und dann hatte es über hundert Meilen mit dem Zug hinter sich und weitere zweiunddreißig per Kuli. Reisen konnte man fast nur zu Fuß, oder, wenn man ganz glücklich war, mit dem Ochsenkarren – ungefedert wohlverstanden.

Jede Flußüberquerung war ein gefährliches und abenteuerliches Unterfangen. Der Grund: Es gab im ganzen Staat keine einzige Brücke. Reisen war zwar immer schwierig, wurde aber während der Regenzeit fast unmöglich. Zudem mußte man ständig mit der Gefahr leben, von wilden Tieren angegriffen zu werden. Kate selbst hatte übrigens während ihres ersten Indienaufenthalts in Baripada den Angriff eines wilden Büffels überlebt. Zum Glück für sie hatte Surji, eine der Frauen, die bei ihr gewesen waren, das Tier gerade noch rechtzeitig ablenken können, bevor es sie zu Tode getrampelt hätte.

Dies sind nur einige der Schwierigkeiten, die Kate durchstehen mußte, um der neuen Familie zu dienen, die Gott ihr gegeben hatte.

Aber Kate erachtete es für lauter Freude, da sie wußte, daß eine *einzige* Menschenseele eine Würde und einen Wert hatte, der den Schmerz sogar der schlimmsten Beschwerden weit übertraf. Und daß dieser Schmerz letzten Endes völlig unbedeutend war im Vergleich zu den Leiden am Kreuz, an dem ihr Herr und Meister nackt, verspottet und bis zur Unkenntlichkeit entstellt angenagelt worden war und an dem er für jeden von uns persönlich (und gleichzeitig für die ganze Welt) gestorben ist.

In allen ihren Nöten vertraute sie ihm, durch den sie alles vermochte. Und Gott vollbrachte viel und Erstaunliches durch diese Frau, eine Seele, die sich ihm ganz geweiht hatte. Nach ihrer Ankunft in Mayurbhanj – für sie war es ja eine Rückkehr nach Indien – machte sie sich sogleich daran, *Oriya* zu lernen. So wie sie früher gründlich die bengalische Sprache gelernt hatte. Später gelang es ihr auch mit viel Anstrengung, nach und nach die Santalsprache zu beherrschen.

Mehr noch – es gelang ihr, diese bis dahin ungeschriebene Sprache in Oriyaschrift zu reproduzieren. Die *Santals* staunten: das *erste* in ihrer eigenen Sprache geschriebene Buch! Die Verwunderung war so groß, daß manche davor zurückschreckten, das Buch auch nur anzurühren. Es gelang Kate, die Heilige Schrift und einzelne Lehrbücher in diese Sprache zu übersetzen.

Als nächstes kann ihre Arbeit unter Frauen genannt werden. Die Frauen, die «zenana», lebten ganz zurückgezogen und durften kaum einmal das Haus verlassen. Kate gelang es, das Eis zu brechen und sich mit ihnen zu treffen. Mit der Zeit organisierte sie Zusammenkünfte der Frauen und gab dann auch für sie einen Rundbrief in *Ben-*

gali heraus, der viele hilfreiche Ratschläge für das persönliche Leben und den Haushalt enthielt.

Auch um die Bedürfnisse der Witwen kümmerte sie sich. Eingeengt durch bestehende Normen, die sie von einer aktiven Teilnahme am gesellschaftlichen Leben ausschlossen, konnten diese selbst kaum etwas unternehmen, um ihr Schicksal zu verbessern. Auf Bitten der Witwen hin unterbreitete Kate ihre Anliegen den Behörden.

Der Maharadscha schätzte Kate sehr. Besonders deutlich wurde das während der großen Hungersnot. Sri Ram Chandra hatte ursprünglich bestimmte Beamte mit der Rationierung der Lebensmittel betraut. Doch Kate, die viel herumkam, stellte fest, daß es überall Mißbrauch gab und daß die Lebensmittelrationen nicht gerecht verteilt wurden. Als sie den Maharadscha davon in Kenntnis setzte, übertrug er ihr sogleich die Verteilung der Lebensmittel. Der Vergleich mit einer ähnlichen Aufgabe, die ein gewisser Josef am Hof des Pharaos bekam (1. Mose 41), drängt sich geradezu auf.

Tiefes Mitgefühl hatte Kate auch mit den Waisen. Ihre Hilfe für sie begann lange vor der Gründung des Waisenhauses. Dieses wurde 1914 in Rajabasa, etwa neun Kilometer von Baripada entfernt, eröffnet. Das Mutterhaus war von einem fast vierundzwanzig Hektar großen Gelände umgeben. Hier konnten die Kinder auch die verschiedenen Hausarbeiten lernen: Kochen, Melken, Wäschewaschen, Nähen und Stricken, Häkeln und Sticken. Die besonders Begabten wurden zur weiteren Ausbildung nach Cuttack oder Kalkutta geschickt.

Erstaunlicherweise interessierte Kate sich trotz ihrer vielen anderen Aufgaben auch sehr für die von Mrs. Kiddell begonnene «An-einem-Tag-pro-Woche»-Schule. Dieses Projekt entwickelte sich im Laufe der Zeit zu einer regulären Grundschule. Irgendwie nahm Kate sich die Zeit, hier Unterricht zu erteilen. Und so gab es auch noch andere Projekte, um die sie sich kümmerte. Aber ihre Hauptberufung und Hauptarbeit war das Lepraheim.

Die Leprakranken von Mayurbhanj

Nur wenige Menschen sind ganz von der Gabe der Barmherzigkeit erfüllt. Zum Beispiel Mutter Teresa. Und Kate Allanby.

Das befähigte diese Wenigen, die Leprakranken mit neuen Augen zu betrachten. Und mit diesen Augen, den Augen Jesu, sahen sie unter der von einer schrecklichen Krankheit hervorgerufenen körperlichen Entstellung nicht in erster Linie den mittellosen Bettler, sondern eine im Bilde und in der Wesensgleichheit Gottes geschaffene Menschenseele.

Und während sie ihnen dienten, ihnen ihre Wunden auswuschen, sie liebevoll umarmten und ihnen die Tränen von den entzündeten Augen abwischten, wußten sie, wem sie wirklich dienten. Nicht irgendwelchen «Aussätzigen», sondern dem Meister selbst.

Auch Jesus hatte ein Herz für die Armen und Kranken. Die Bibel berichtet mehrmals, daß er Leprakranke heilte. Und es war eine dieser Stellen, ein Abschnitt aus dem ersten Kapitel des Markusevangeliums, die Graham Staines damals ansprach und ihn dazu bewegte, den Rest seines Lebens im Dienst für diese Menschen zu verbringen.

In der Zeitschrift *Mayurbhanj Messengers* berichtet Ailsa Rolley von der großartigen Arbeit, die Kate, Vera, Ada, Oliver, Oswald, Graham, Gladys und viele andere getan haben. Sie gewährt darin auch einen Blick in die Seele eines Leprakranken:

«Sie waren Ausgestoßene, Unberührbare. Keiner aus dem Dorf näherte sich ihnen. Zu groß war die Angst, von der Krankheit angesteckt zu werden. Wie Hunden stellte man ihnen von ferne etwas zu essen hin. Eigentlich war es noch schlimmer, denn Hunde konnten sich zumindest ab und zu von ihren Herren streicheln lassen und so die Berührung eines Menschen spüren.

Seine Unterkunft war eine Bruchbude. Überall um ihn herum waren Leidensgenossen, und doch war er so allein – ein lebender Toter. Im Dorf war schon das Todesritual für ihn durchgeführt worden, und nun betrachteten ihn seine Familie und das ganze Dorf als ‹tot›, und er konnte niemals zurückkehren. Für immer war er vom Dorfleben ausgestoßen.

Er blickte auf seine verkrüppelten Hände und Füße hinunter. Häßlich – aber das konnte er ertragen. Die Zurückweisung war das Schmerzlichste. Seine Familie war traurig, sich für immer von ihm verabschieden zu müssen; aber die Angst vor der Krankheit und ihren Folgen war zu groß.

‹Du mußt gehen›, hatten sie zu ihm gesagt. Allein. Das, was man Freude nannte, war in ihm seither längst verdorrt. Seit zwei Jahren hatte er seine Mutter schon nicht mehr gesehen. Wie sah sie inzwischen aus? Ob sie wohl noch ab und zu an ihn dachte?

Schwankend schlurfte er zum offenen Feuer. Er übersah das scharfe Holzstück auf dem Boden und spürte nicht, wie es sich in sein Fleisch bohrte. Erst Minuten später bemerkte er, daß sein Blut den braunen Staub unter seinen Füßen färbte. Er fühlte keinen Schmerz – seine Nervenenden waren abgestorben.

Ach, was hätte er jetzt für eine liebevolle Berührung gegeben! Als er klein gewesen war, hatte ihn seine Mutter tröstend in den Arm genommen, wenn er sich verletzt hatte. Jetzt rollte er sich auf dem Lehmboden zusammen – ungetröstet, hoffnungslos.

Er erinnerte sich noch deutlich an das erste Symptom der Lepra in seinem Körper. Ein kleiner Teil seines Fußes war taub geworden, und wenn er ihn berührte, spürte er nichts. Die Erkenntnis überfiel ihn – und mit ihr die Gewißheit, daß Unheil über ihn hereingebrochen war. Er beschloß, seine Entdeckung so lange wie nur eben möglich geheimzuhalten.

Die Leprakranken um ihn herum konnten Ähnliches erzählen. Manche hatten als erstes einen hell gefärbten gefühllosen Hautflecken entdeckt, andere ertasteten Knötchen an den Ohren, am Kinn oder an einem Handgelenk.

Sein zukünftiger Lebensweg sah finster aus. Da erinnerte er sich an eine Geschichte, die er gehört hatte – die Geschichte von einer jungen Frau, die nach Mayurbhanj gekommen war. Sie hatte den Dorfbewohnern von einem Mann namens Jesus erzählt, der die Leprakranken liebte und anrührte. Konnte das wahr sein? War es möglich, daß ihn je wieder jemand lieben würde?»

Zur damaligen Zeit war noch kein Heilmittel für seine Krankheit bekannt. Erst später, viel später in den 50er Jahren, wurde die Dapsone-Behandlung eingeführt. Und selbst dann mußte der Patient noch mindestens fünf Jahre warten, ehe eine Heilung eintrat. Und es sollte noch länger dauern, bis zu den 70er Jahren, bis eine wirksamere Therapie mit mehreren kombinierten Medikamenten eingeführt werden konnte. Sie bewirkte eine Heilung innerhalb von zwei Jahren.

So etwas gab es für einen Leprakranken in Mayurbhanj um die Jahrhundertwende noch nicht. Aber es gab Kate Allanby und das Heim in Mayurbhanj. Es begann mit einem Stück Land, auf dem ursprünglich die Bettler gehaust hatten. Darauf wurde im Laufe der Zeit ein kleines Gebäude errichtet. Dann wurde das Gelände erweitert, und es wurden Blocks mit Unterkünften für Männer und Frauen gebaut sowie ein Wohnhaus für das Pflegepersonal. So entwickelte sich das Heim zu einem Zufluchtsort für viele verzweifelte Leprakranke.

Die ersten Heimbewohner stammten aus Baripada oder der unmittelbaren Umgebung. Später suchte Kate im weiteren Umkreis nach Hilfsbedürftigen. Ihre Besuchsreisen führten sie über die Bergpässe ringsum. Zuweilen mußte sie nachts an einsamen und gefährlichen Stellen ihr Lager aufschlagen und ein Feuer anzünden, um die wilden Tiere abzuschrecken. Hier legte sie sich dann auf dem Ochsenkarren zur Ruhe und befahl sich dem Schutz Gottes an. So erwartete sie das Morgengrauen des nächsten Tages.

Die Einheimischen in den meisten dieser Dörfer hatten nie einen Australier (geschweige denn eine Australierin) zu Gesicht bekommen und rannten bei ihrem Anblick häufig davon. Mit der Zeit lernte Kate viele der Einheimischen persönlich kennen. Und sie nannten sie liebevoll «*Bodo ma*». Ein Australier, der Mayurbhanj besuchte, schrieb: «Die zugängliche Art von Miss Allanby hat die Herzen der Menschen gewonnen. Wie die Armen an ihr hängen, als sei sie ihre Mutter, die Achtung, die ihr die gebildeten Leute entgegenbringen, und die Selbstverständlichkeit und Perfektion, mit der sie die Sprache spricht, lassen mich nicht daran zweifeln, daß sie die rechte Person am rechten Ort ist.»

Bodo ma betonte stets nachdrücklich die Notwendigkeit des Gebets. Denn sie wußte: «Wenn der Herr nicht das Haus baut, so arbeiten umsonst, die daran bauen» (Psalm 127,1). Als Leiterin des Heims ermutigte sie ihre Mitarbeiterinnen und Mitarbeiter stets, dem Gebet in ihrem Leben einen wichtigen Stellenwert zu geben. Sie bat sogar ihre Mutter, sich mit ihren Bedürfnissen zu identifizieren und in Brisbane eine allwöchentliche Gebetsversammlung für sie abzuhalten. Verschiedene andere Gemeinden in Australien boten ihr ebenfalls Gebetsunterstützung an. Kate glaubte, daß ihr Gott größer war als alle möglichen Probleme.

Und sie erlebte viele Gebetserhörungen. Als sie einmal wegen einer bestimmten finanziellen Notlage betete, wurde sie plötzlich von einem lebhaften und drängenden Gedanken erfüllt: «Warum bittest du nicht Jesus, dir die benötigte Summe zu geben?» Es handelte sich um eine große Summe, aber sie vertraute Gott, daß er ein kleines Wunder tun würde. So bat sie, daß ihr die Summe persönlich übergeben werden würde, damit sie wirklich wisse, daß Gott selbst sie ihr für eben diesen Zweck schenke. Innerhalb eines Monats wurde ihr Gebet erhört. Sie bekam das Geld, und noch dazu aus einer unerwarteten Quelle. Mit dem Geld konnte sie dann das neue Haus in Rairangpur bauen und zudem einige dringende Reparaturen ausführen lassen.

Das Heim wurde auch weiterhin vom Maharadscha unterstützt. Aus einfachsten Anfängen wuchs es nun weiter zu einem größeren Komplex mit Apotheke, Vorrats-räumen und anderen Einrichtungen.

Kate Allanby arbeitete über fünfunddreißig Jahre lang unter den Leprakranken von Mayurbhanj. Und dabei ist die Zeit, die sie vorher in Bengalen verbracht hatte, nicht mitgerechnet. Jesus hat gesagt, daß man einen Baum an seinen Früchten erkennt. Und bis heute, über hundert Jah-re, nachdem sie erstmals Mayurbhanj betrat, sind die Früchte immer noch auszumachen.

Es war im Jahr 1930. Kates Freundin, Mrs. Western aus Australien, besuchte die Mission und wurde von Miss Taylor zu einer Tour eingeladen. Sie quälten sich über ei-nen der Bergpässe und hatten eben eine der schwierigsten Haarnadelkurven des Weges hinter sich gebracht, da sa-hen sie sich plötzlich einem riesigen wilden Elefanten ge-genüber, der sich aus dem Dschungel auf den Weg der Reisenden verirrt hatte. Es blieb keine Zeit zum Nachden-ken oder zum Handeln, denn der Elefant griff sofort den Wagen an und warf ihn um, so daß er die Insassen unter sich begrub. Bis es ihnen gelungen war, sich zu befreien, war der Elefant wieder im Dschungel verschwunden. Au-ßer ein paar Schrammen und blauen Flecken schien nie-mand etwas Ernsthaftes abbekommen zu haben. Drei Wochen später kam es jedoch zu einer verspäteten Reak-tion, aufgrund derer Miss Taylor als Invalide nach Austra-lien zurückkehren mußte.

Dieser Unfall griff Kates Nerven zusätzlich an. Ihr eigener Gesundheitszustand war besorgniserregend. Aber sie war entschieden, zu bleiben und die Arbeit fort-zuführen. Eines Morgens klagte sie über unerträgliche Kopfschmerzen. Der herbeigerufene Arzt stellte einen Gehirnschlag fest. Bald darauf fiel sie in eine tiefe Be-wußtlosigkeit, aus der sie nie mehr richtig erwachte. Am 10. August 1931 starb sie.

Einundvierzig Jahre lang hatte Kate Allanby den Ar-men Indiens gedient.

«Sag nicht: Ich bin zu jung! Zu allen Menschen, zu denen ich dich sende, sollst du gehen und ihnen alles verkünden, was ich dir sagen werde.»

Jeremia 1,7

«Gebt nur Gott und seiner Sache den ersten Platz in eurem Leben, so wird er euch auch alles geben, was ihr nötig habt.»

Matthäus 6,33

10. Mit Leib und Seele im Dienst der Leprakranken

Gewinnt irgend jemand *wirklich* etwas, wenn ein christlicher Missionar getötet wird?

Eines muß man sich klarmachen: Verfolgungen, wie sie Christen in Indien heute ausgesetzt sind, hat es dort vorher noch nie gegeben. Und Tag für Tag gehen sie nun ungehindert und unvermindert weiter. Wir scheinen an der Schwelle zu einem «tapferen» neuen Indien zu stehen, das sich radikal von dem Indien unterscheidet, wie es den Gründervätern unserer großen Nation vorschwebte.

Es ist eine heimtückische Theorie, die heute die größte Demokratie der Welt bestürmt. Sie bestreitet ihr das Recht, wirklich säkular zu sein. Ihrer Logik zufolge wäre ein Inder nicht mehr frei, an die Religion seiner Wahl zu glauben. Sondern nur noch an die von oben diktierte.

Diese Theorie versucht verzweifelt, diese Gedanken durchzusetzen, indem eine Verbindung zwischen einer «missionarischen Verschwörung» und der schweren und schrecklichen Bedrohung hergestellt wird, die diese angeblich darstellt. Ehrlich – gibt es so etwas wie eine Verschwörung? Waren die Missionare wirklich die Handlanger der Kolonialisten? Oder befolgen sie, wie Graham Staines, lediglich treu bis zum Tod den Ruf ihres Meisters, ganz wie John Stott es so treffend ausgedrückt hat:

«Wir Christen sind in die Welt gesandt, um wie Christus zu dienen. Denn dies ist der natürliche Ausdruck unserer Nächstenliebe. Wir lieben, wir geben, wir dienen. Und dabei haben wir keine versteckten Absichten. Liebe muß sich nicht rechtfertigen. Sie drückt sich einfach im Dienst aus, wann immer sie eine Not wahrnimmt.»

Was diese sogenannte «Verschwörung» betrifft, so sprechen die historischen Fakten dagegen. Im folgenden eine Auswahl der vielen gut dokumentierten Tatsachen:

Im Jahr 1600 wurde die East India Company gegründet. Bis 1757 hatte sie sich zur beherrschenden politischen Kraft in Indien entwickelt. Ihre Motive waren allerdings alles andere als religiös, und sie waren eindeutig nicht pro-missionarisch. Obwohl Tausende einwanderten und in ihren Siedlungen in Surat, Chennai, Mumbai und Kalkutta lebten, wurde nämlich, soweit bekannt ist, im gesamten 17. Jahrhundert nur ein einziger Inder von den Priestern der Company getauft. Auch bekam während des ganzen anschließenden Jahrhunderts kein einziger britischer Missionar die Genehmigung, in diesen Gebieten zu arbeiten. Mission war hier einfach kein Thema.

Charles Grant gelangte zu der Überzeugung, daß die Herrschaft der East India Company in Indien «schlimmer war als die Herrschaft des Großmoguls», und so kämpfte er von 1786 an darum, daß Missionsarbeit endlich erlaubt würde. Ohne die Bemühungen Grants wäre die Machtausübung des Britischen Empires in Indien uneingeschränkt «schlimm» geblieben.

Er brauchte 46 Jahre! Ja, 46 Jahre lang mußte Grant das britische Parlament bearbeiten und die Einwohner Großbritanniens inspirieren, ihre moralische Pflicht wahrzunehmen und Indien zu lieben. Eine Pflicht, die über eklatante und grausame Ausbeutung und Profitdenken hinausgehen mußte. Die ganze Zeit über boten sowohl die Company als auch die Regierung den Tempeln finanzielle Unterstützung an. Allein die britische Oberaufsicht von Bombay unterstützte 26'589 Tempel. Am meisten profitierte der Jagannath Tempel in Puri von der religiösen Unterstützung. Wie viele von uns kennen wirklich diese Tatsachen?

Zu diesem Thema sind noch weit mehr Fakten und Einsichten gesammelt worden. Sie alle deuten darauf hin, daß der engagierte Christ, sei er nun Missionar oder nicht, gar nicht anders kann als zu dienen. Und mit allen anderen Christen akzeptiert er vorbehaltlos, daß «Gott jedes Volk geschaffen hat und dessen Lebensraum und Lebenszeit bestimmt, es also jedem von uns zusteht, sich seiner Nationalität bewußt und dafür dankbar zu sein».

Die Vision lebt weiter

Von Kate Allanbys Leben und Vision angesprochen, haben viele in der Mission in Mayurbhanj mitgearbeitet. Beginnend mit Ada Charles, wollen wir hier in Streiflichtern aus dem Leben einiger dieser Leute berichten.

Ada reiste 1915 aus Goulburn, New South Wales, in ihre neue Heimat ab. Auf der langen Seereise waren ihr die Abschiedsbriefe ihrer Familie und Freunde eine Quelle des Trostes. Und während jeder Tag sie weiter von der Heimat wegbrachte, die sie kannte und liebte, machte sie es sich zur täglichen Regel, jeweils zwei dieser Briefe auszuwählen, um aus ihren ermutigenden Worten Kraft zu schöpfen.

Beginnend mit dem 17. November 1915 ist in ihrem Tagebuch von ihren frühen Erinnerungen an Mayurbhanj die Rede:

«Als ich endlich in Baripada ankam, war ich ganz hingerissen vom Missionsheim, das zu meiner Begrüßung schön geschmückt worden war. Ich fühlte mich sofort zu Hause. Welch eine Freude, würdig zu sein, alles zu verlassen, wenn daraus eine solche Freude für arme Leidende entsteht!

An den Abenden ist es recht kühl, aber diese Novembertage kommen mir nicht winterlich vor, und ich frage mich, wie es erst im Sommer sein wird.

Nach einer *Oriya*-Lektion vor und einer nach dem Frühstück ritt ich mit dem widerstrebenden Pony zum Waisenhaus in Rajabasa hinaus. Die Kinder hatten das Haus für mich dekoriert und hießen mich herzlich willkommen, indem sie mich mit Kränzen aus hellroten und weißen Blumen schmückten. Ich glaube, daß der Herr mich unter ihnen gebrauchen wird.

Die meiste Zeit ist für das Sprachstudium reserviert, aber ich nähe für die Kinder, und damit bin ich vollauf beschäftigt. Außerdem behandle ich die Hände eines der Kinder, an denen Geschwüre ausgebrochen sind. Ich habe zwei Mädchen versprochen, ihnen das Sticken beizubringen. Sie strengen sich sehr an, damit ich sie verstehen kann.

Ich bin vor fünf Uhr aufgestanden, um für den *gharry* (kastenähnlicher Ochsenkarren) bereit zu sein, der mich nach Baripada bringen sollte. Es war das erste Mal, daß ich in einem Ochsengharry gefahren bin, und ich war erstaunt, daß man damit in so steilem, unwegsamem Gelände vorwärts kommt. Ich wunderte mich auch über die Art, wie das Gefährt gelenkt wird. Der Treiber hockt auf der Deichsel zwischen den beiden Tieren und hat keine Zügel zum Lenken, sondern stößt die Tiere wenn nötig einfach an.

In Rajabasa mußten einem Baby auf dem Kopf mit einer Lanzette Geschwüre aufgestochen werden, und ich hatte den Eindruck, ich müßte lernen, wie man das macht. Es war schrecklich, das mit anzusehen. Und obwohl ich wußte, wie wichtig die Kenntnis war, wie man in so einer Situation vorgeht, hoffte ich doch innerlich, daß ich nie mit der Lanzette hantieren müßte.

Eine Zeitlang wurde ich von einer schweren Krankheit heimgesucht. Besonders schwer war dabei die Schlaflosigkeit zu ertragen. Ich fürchtete mich vor der Nacht und sehnte den Morgen herbei. In der Nacht der Krisis hatte ich das Gefühl, in einem brennenden Ofen zu stecken, aber ich konnte einfach nicht schwitzen. Als mir dann endlich der Schweiß ausbrach, war das die reinste Erlösung, die sich in Worten überhaupt nicht ausdrücken läßt.

Ein paar Tage lang schien mir dann das Fieber in den Kopf gestiegen zu sein. Es war wie ein Feuer im Hinterkopf, und ich konnte keinen Sonnenstrahl im Zimmer ertragen. Als ich wieder zu Kräften kam und das Fieber nachließ, wurde es auch mit meinen Augen wieder besser.

Mein erstes Weihnachtsfest in Indien! Seit Wochen hatten wir für die Kinder Kleider genäht und Papierblumen zum Schmücken gebastelt. Früh am Morgen weckten wir die Kinder und schenkten ihnen ihre neuen Kleider, dann holten wir den Weihnachtsbaum. Es war nur ein Laubbaum, aber es dauerte nicht lange, dann stand er in voller Blüte und war mit allem möglichen Spielzeug behängt, mit Bildern und Süßigkeiten. Er sah sehr hübsch aus. Ich hatte ebensoviel Freude an diesem Tag wie die Kinder.

Kisten mit Kleidungsstücken und Spielzeug trafen aus Australien ein. Sie sollten den Kindern das Weihnachtsfest verschönern. Ich selbst erhielt zu meiner großen Freude auch ein Päckchen.

Wir erlebten eine Überraschung nach der anderen, und die reichen Gaben für uns alle beschämten uns. Wir fühlten uns solcher Liebe, solcher Mühen und solcher Opfer unwürdig, die diejenigen für uns gebracht hatten, die eine Co-Partnerschaft mit uns und unserer Arbeit eingegangen sind.»

Die ersten zwei Jahre lang lernte Ada mit großem Einsatz die Oriyasprache und legte am Ende dieser Zeit erfolgreich die Abschlußprüfung ab. Dann widmete sie sich der Arbeit im Waisenhaus und übernahm auch einen großen Teil der Arbeit im Lepraheim.

Kate und sie waren in vieler Hinsicht auf gleicher Wellenlänge. Viele Jahre arbeiteten sie zusammen, und Ada übernahm die Rolle der geschickten «rechten Hand». Sie waren mehr als Kolleginnen, die einfach nur gut zusammenarbeiteten. Sie waren auch gute Freundinnen und ideale Reisegefährtinnen, die inzwischen im «modernen» Ochsenkarren unterwegs waren – gefedert und mit einer Sitzbank aus Rohrgeflecht.

Damals arbeiteten nur Frauen in der Mission. Kate, Ada und Miss Muirhead standen an vorderster Front.

«Dies ist eine Frauenmission. Gibt es keine Männer?» schrieben sie nach Australien. Gott benutzte diese Worte, um die Schritte eines Mannes zu lenken. Dieser schrieb zurück: «Können Sie einen Mann gebrauchen, der nur eine Hand hat?» Die Antwort: «Komm und sieh!»

Dieser Mann war Oswald Lahey aus Queensland. Seine Familie besaß ein Sägewerk, und als Heranwachsender hatte er Bäume, Holzarten und Maschinen zur Holzverarbeitung gut kennengelernt. Er wählte den Beruf des Zimmermanns und interessierte sich für alle möglichen handwerklichen Arbeiten. Im Familienbetrieb in Corinda wurde er bald zum Experten, der alle Maschinen bedienen konnte. Dann aber kam es zu einer Tragödie: Er verlor bei einem Unfall an einer Maschine seine linke Hand.

Seine Mutter war ihm in dieser Zeit eine großartige Stütze, und nie sollte er ihre Worte vergessen: «Laß dich vom Verlust deiner Hand niemals daran hindern, einen sinnvollen Lebenszweck zu erfüllen.» Er nahm sich diese Worte zu Herzen und arbeitete in seinem Beruf weiter. Trotz seiner eingeschränkten Möglichkeiten verrichtete er fast alle Arbeiten an Maschinen oder in der manuellen Holzbearbeitung, die von ihm erwartet wurden.

Obwohl er sich brennend für Missionsarbeit interessierte, fragte er sich, zu was er selbst dabei mit nur einer Hand zu gebrauchen sei. Er hatte den Eindruck, Gott habe ihm vielleicht die Lebensaufgabe zugeteilt, für andere zu beten, die in der Mission arbeiteten. Dann aber luden ihn drei Frauen – von denen ihm eine als Ehefrau zugedacht war – nach Mayurbhanj ein, um dort zu arbeiten.

Oswald fühlte sich keineswegs besonders wichtig oder begabt. Er wollte nichts anderes, als «den Frauen ein bißchen helfen». Mit dieser Absicht brach Oswald Lahey 1922 nach Indien auf.

Seine Fähigkeiten waren sehr gefragt, als 1928 eine zweite Missionsstation in Rairangpur gegründet werden sollte. Der Maharadscha stellte dazu zweieinhalb Hektar Land zur Verfügung, auf dem die Station gebaut werden sollte. Da Rairangpur 304 Meter über dem Meeresspiegel liegt, herrscht dort ein sehr angenehmes Klima.

Oswald machte sich ans Werk, entwarf die Baupläne und überwachte den Bau. Das Haus, das er fertigstellte, war eine große, luftige Konstruktion mit Ziegelwänden und einem flachen Betondach. Dann sorgte er dafür, daß das Gebäude von Bäumen umgeben sein würde, die er anpflanzen ließ. Dazu wählte er Linde, Orange, Guajave, Zimtapfel und Mango. Andere Schattenbäume und blühende Sträucher sorgten für Farbtupfer.

Am 24. April 1930 heiratete er Ada Charles in Kalkutta und brachte seine frisch Angetraute in eben dieses schöne Missionshaus. Als Kate Allanby 1931 starb, wurde Oswald zum Feldleiter ernannt, und Ada übernahm die Leitung des Lepraheims.

Dank Oswalds innovativer Ideen erfuhr das Transportwesen der Mission einen regelrechten Modernisierungsschub. Man kaufte das Fahrgestell eines Ford-A-Modells, und Oswald entwarf eine Karosserie dafür. Sie war höchst originell. Das Heck des Wagens glich einem Schiffsbug. Bis heute sprechen die Leute von «Henry», dem Schiffsauto. «Henry» hatte ein bewegtes Leben, bevor das Vehikel viele Meilen später im Juli 1968 sein Leben ausschnaufte.

Der Zweite Weltkrieg stellte die Mission auf eine harte Probe. Nur die Laheys hielten die Stellung, und zeitweise mußten sie ohne jede finanzielle Hilfe von außen auskommen. Jeden Morgen standen sie eine Stunde vor Tagesanbruch auf, um ihre Stille Zeit mit dem Herrn zu haben. Dabei bekamen sie die dringend benötigte Kraft und Gnade, die sie durch die schwierigen Tage hindurchtrugen. Aus den Tagen wurden Wochen, Monate und Jahre, und so wurde ihr Glaube durch diese Feuerprobe geläutert.

Sie arbeiteten weiterhin unter den Leprakranken, und dabei stießen sie auf ein neues, ebenso schwieriges Problem. Die Patienten wurden zwar geheilt, aber ihre Körper wiesen immer noch die verräterischen Spuren auf. Deshalb argwöhnten ihre Verwandten, die Krankheit sei noch da, und weigerten sich, die Geheilten wieder aufzunehmen. Die ehemaligen Nachbarn im Dorf hinderten sie daran, sich wieder in ihrer Mitte niederzulassen, und sie bekamen auch fast keine Arbeit.

Das war eine zusätzliche Herausforderung. Einem Teil der Leute konnte geholfen werden, indem sie Arbeit im Missionshaus bekamen; andere konnten in christliche Familien vermittelt werden. Und die übrigen? Ihr Schicksal beschäftigte Oswald ganz besonders. Er träumte ständig von einem Refugium, wo sie wohnen könnten. Und wo sie sich ihren Lebensunterhalt durch Arbeit verdienen könnten.

Und so machte Oswald sich daran, das ursprüngliche Waisenhaus in Rajabasa wiederaufzubauen und neu zu konzipieren, damit es als Rehabilitationszentrum für ehemalige Leprakranke dienen konnte. Wie von einem Mann, der Bäume über alles liebte, nicht anders zu erwarten war, sorgte Oswald dafür, daß auf dem Gelände viele davon angepflanzt wurden. Es wurden auch Felder angelegt, auf denen Reis und Bobaigras angepflanzt wurden (Bobaigras wird bei der Herstellung von Seilen verwendet). Vom Verkauf konnte ein Teil der laufenden Kosten gedeckt werden. So entstand das Rajabasa Rehabilitation Centre.

Unter tatkräftiger Mithilfe von Patienten konnte Oswald noch viele andere Projekte durchziehen. Eines der letzten, bevor er sich zur Ruhe setzte, war der Bau eines neuen Traktes für Frauen im Lepraheim. Die schwere Arbeit, verbunden mit den zusätzlichen Schwierigkeiten, das benötigte Material zu bekommen, kostete ihn viel. Aber als die Arbeit geschafft war, konnte das Heim eine weitaus größere Zahl von Patientinnen betreuen als vorher.

Noch in den allerletzten Monaten, bevor er abreiste, arbeitete dieser Missionar unermüdlich. So setzte er die wunderbaren Gaben ein, die ihm der Herr verliehen hatte; ihm, dem Mann mit nur einer Hand. Trotz seiner Behinderung erreichte Oswald Lahey alles im Leben, was er sich vorgenommen hatte, so wie es ihm seine Mutter ermutigend mit auf den Weg gegeben hatte. Viele Jahre hindurch waren er und seine Frau die Hauptstützen der Arbeit in Mayurbhanj.

Zusammengezählt dienten sie 93 Jahre lang den armen Menschen Indiens.

Vera Stevens und Olive Alcorn

Vera Stevens wußte, daß der Herr sie in die Mission berufen hatte. Aber wann und wohin sie ausreisen sollte, das wurde ihr erst klar, als sie den Laheys begegnete. Sie waren als Gastredner an ihr College eingeladen worden. Von ihrem Zeugnis tief bewegt, traf Vera ihre Entscheidung. Und im Dezember 1949 schloß sie sich der Mission in Baripada an.

Im September 1952 reiste eine weitere junge Frau von Australien in Richtung Mayurbhanj ab. Olive Alcorn hatte als Schreibkraft im Australischen Bildungsministerium gearbeitet und bereitete sich nun im Alter von nur zwanzig Jahren darauf vor, die nächsten zweiunddreißig Jahre ihres Lebens dem Dienst an Vergessenen und Verachteten zu weihen. Wie Vera hatte auch sie am Croydon Bible College in Sydney studiert. Und um sich noch weiter auf ein Leben in der Mission vorzubereiten, hatte sie eine Ausbildung als Krankenschwester gemacht.

Missionsarbeit setzt voraus, daß man die örtlichen Sprachen beherrscht. Hier glänzte Olive. Innerhalb von zwei Jahren bestand sie ihre *Oriya*-Prüfungen mit Bestnoten. Dann studierte sie noch *Santali*. Dank ihres ausgeprägten Gehörsinns beherrschte sie auch diese Sprache bald fließend. Vera und Olive erfuhren von den Laheys immer neu Liebe und Ermutigung. Umgekehrt betrachteten und liebten die Laheys die beiden jungen Frauen, als wären sie ihre eigenen Kinder.

Später, 1956, verließen Vera und Olive den Ort Baripada, um die Arbeit in Rairangpur neu zu beginnen. Während des Zweiten Weltkriegs war das Missionshaus von der Polizei beschlagnahmt worden, weil es an der strategisch wichtigen Straße nach Tatanagar lag. Die beiden Frauen beteten viel für ihre neue Aufgabe, lag das Arbeitsgebiet doch auf der anderen Seite einer Bergkette, 85 Kilometer von ihrem Haus in Baripada entfernt.

Tatsächlich gab es viele Gefahren für zwei junge Frauen, die ganz allein zurechtkommen mußten. Sie fürchteten nicht nur Diebe. Gefahr drohte auch von den nicht selten auftauchenden Giftschlangen. Und in den ersten Jahren, mindestens bis 1961, hatten sie nachts als Lichtquellen nur Sturmlaternen oder Kerzen zur Verfügung. So war es nicht selten ein Glaubenswagnis, auch nur von einem Zimmer ins andere zu gehen.

Veras Selbstbewußtsein wuchs an dem Tag, an dem sie ihre erste Schlange tötete. Als sie auf eine ziemlich große Vertreterin dieser Gattung stieß, schnappte sie sich den nächstbesten Stock und ließ ihn auf den Rücken der Schlange niedersausen. Der Stock zerbrach beim Aufprall. Glücklicherweise reichte dieser eine Schlag. Später sollte sie lernen, daß ein Bambussstecken oder ein grüner Stock, der sich nicht bog oder zerbrach, ein besserer Schutz war.

Nachdem sie sich eingelebt hatten, eröffneten Olive und Vera eine Klinik. Eigentlich wollten sie Leprakranke behandeln. Doch sehr oft mußten sie auch Patientinnen und Patienten mit Pocken und anderen ansteckenden Krankheiten aufnehmen. Es gab auch viele, die «nur» an Vitaminmangel litten und sich entsprechend rasch erholten. Die Heilungen sprachen sich schnell herum, so daß die Leute von nah und fern herbeiströmten. So war die Klinik jeden Tag von acht Uhr morgens an geöffnet. Freitags – am Markttag – wurde es oft sieben Uhr abends, bis sie geschlossen werden konnte.

Außerdem kümmerten Vera und Olive sich um das Leprosy Beggar's Camp, das Lager der an Lepra leidenden Bettler. Die armen Seelen, die kein eigenes Zuhause mehr hatten, hielten genaugenommen regierungseigenes Waldland besetzt. Sie mußten regelmäßig besucht werden, damit sie richtig behandelt werden konnten.

Bei einer Routineuntersuchung im April 1957 stellte sich heraus, daß einer der Männer die Pocken hatte. Ein paar Tage später brachen sie auch bei einer Frau aus. Und obwohl die Missionarinnen beide behandelten, mußten sie weinend mit ansehen, daß nur der Mann die Krankheit überlebte. Einige Jahre später kam wieder ein Ausbruch. Diesmal steckten sich sieben Personen im Lager mit der Krankheit an. Vera und Olive halfen, so gut sie konnten. Von den Infizierten wurden sechs wieder gesund, und die weitere Ausbreitung der Krankheit konnte verhindert werden. Es gibt viele ähnliche Zeugnisse, wie Menschenleben durch den Dienst und die Arbeit von Vera Stevens und Olive Alcorn in Rairangpur angerührt und verändert wurden.

Graham Staines – die Mission geht weiter

1965, ganze drei Monate bevor die Laheys in den Ruhestand traten, berief Gott einen stillen, konzentrierten und anhaltend betenden jungen Mann aus Queensland, Australien, nach Mayurbhanj: Graham Staines. Durch diesen Vierundzwanzigjährigen mit dem frischen Gesicht wollte Gott wieder seine treue Fürsorge für die Mission beweisen. Und durch diesen Märtyrer will er alle, die davon hören, heute einladen, Jesus Christus als Herrn und Heiland anzunehmen.

In der Hymne «Is Anyone Thirsty?» («Wenn jemand dürstet») heißt es unter anderem: «Let the Living Waters flow through me» («Laß das lebendige Wasser durch mich fließen»). Graham Staines hat mit seinem Leben und seiner Arbeit diese Liedzeile ausgelebt. Als demütiger Mensch hätte Graham es nie so ausgedrückt, aber er war in seinem Dienst an den Leprakranken ein getreues Abbild seines Meisters Jesus Christus.

Ralph Cameron, der Präsident von EMSM, Australien, hat Grahams Arbeit einmal auf wunderbare Art beschrieben. Normalerweise preisen wir einen Menschen ja erst posthum in den höchsten Tönen, dann nämlich, wenn er selbst es nicht mehr hören kann. Ralph hingegen schrieb das folgende, als Graham noch lebte:

«Die Mission in Mayurbhanj braucht jemanden,
der die ganze Arbeit tut;
sich um alle Bedürfnisse des Lepraheims
und der Patienten kümmert;
sich für die Menschen einsetzt;
Leute in allen möglichen Lebenslagen berät;
fließend Oriya und Santal spricht;
in landwirtschaftlichen Fragen Auskunft geben kann;
etwas von Viehzucht versteht;
baut, was das Zeug hält;
Fahrzeuge repariert;
Leiter ausbildet;
mit einem Minimalbudget auskommt;
sich von verärgerten angeblichen Christen
unbeeindruckt lächerlich machen läßt;
den Missionshelfern ein Freund und Helfer ist;
und sich darüber hinaus noch die Zeit nimmt,
ein liebevoller Ehemann und Vater zu sein.

Und wir haben ihn (Graham Staines) schon, und
dafür sind wir seinem und unserem Herrn sehr
dankbar.»

Graham nahm seinen Platz neben Vera und Olive ein, und gemeinsam bildeten sie eine starke Mannschaft. Olive übernahm nun die Gesamtleitung des Lepraheims in Baripada und des Rehabilitationszentrums in Rajabasa. Vera blieb auf der Missionsstation in Rairangpur, leitete die Klinik und andere Dienste.

Olive liebte Kinder ganz besonders. So nahm sie zwei notleidende *Ho*-Kinder – Sombari und Tupun – in ihre Obhut. Für diese beiden kleinen Kinder und ihre Ausbildung zu sorgen, daneben über hundert Patientinnen und Patienten im Lepraheim zu betreuen und sich auch noch um die Leute auf der Rehabilitationsfarm zu kümmern, all das ließ ihr kaum noch freie Zeit für sich selbst.

Im Lepraheim und unter ihren einheimischen Freunden nannte man sie *Hopon Ayo*, «jüngere Mutter». Kaum jemand beherrschte die Sprachen der Region besser als Olive. Sie sprach fließend *Oriya*, *Santali* und *Ho*. Es war der Beweis für ihre völlige Identifikation mit den Menschen, die sie kennen- und liebengelernt hatte.

Bei all dem hielt sie sich an den Vers bei Jesaja: «Denn uns ist ein Kind geboren, ein Sohn ist uns gegeben, und die Herrschaft ruht auf seiner Schulter; und er heißt Wunder-Rat, Gott-Held, Ewig-Vater, Friede-Fürst.» Und ständig blickte sie auf den Herrn und erwartete von ihm Leitung bei den vielen Entscheidungen, die sie zu treffen hatte. Sie setzte sich 1984 zur Ruhe, nachdem sie Mayurbhanj zweiunddreißig Jahre lang gedient hatte.

Sieben Jahre später zog sich auch Vera aus der Arbeit zurück. Da hatte auch sie das Gefühl, alles getan zu haben, was sie tun konnte. Im Lauf der Jahre hatte ihr freundlicher, angenehmer und freudiger Geist manch eine Seele berührt. Jetzt aber war die Zeit gekommen, die der Herr bestimmt hatte, und sie war richtig. Als sie im November 1991 in Brisbane aus den Flugzeug stieg, lag ein zweiundvierzigjähriger Dienst hinter ihr.

Aus dem Flackern kann ein Flächenbrand werden

Wie Vera und Olive, wie die Staines und die Laheys haben noch viele andere in der Mission gedient. Präsentiert worden sind hier nur Streiflichter aus dem Leben einiger weniger Menschen, die ihr Leben in den Dienst der Leprakranken von Mayurbhanj gestellt haben.

Zu den Missionarinnen und Missionaren in Mayurbhanj gehörten auch Kate Allanbys Schwester Grace, Miss Dawson, Mr. Grimes, Miss Huth, Miss Muirhead, Mr. Stewart, Miss Taylor, Mr. Wakeman, Mr. Lietch, Miss Redston, Mr. und Mrs. Jones, Miss Filmer und Mr. Nicolson.

Ihr Leben ist wie unseres und wie jedes Leben seit Anbeginn der Zeit nur das Flackern eines Kerzendochts. Aber in den Händen Jesu kann ein Flackern, wenn es erst einmal ihm ausgeliefert ist, zum Flächenbrand werden. Und ein Leben, das sonst unvollkommen ist, kann zu einem lebendigen Brief werden, zu einer Quelle der Hoffnung für eine verlorene und sterbende Welt.

Aber wagen wir es wie sie, uns ihm ganz und vorbehaltlos auszuliefern?

«Wer in Gottes Augen groß sein will, der soll allen anderen dienen, und wer der Erste sein will, soll sich allen anderen unterordnen.»

Markus 10,43-44

In Verteidigung
der religiösen Freiheit

«Der Mensch wurde frei geboren,
aber heute ist er überall in Ketten.»
Rousseau

11. Sieben Pressestimmen und ein Nachruf

Zeitungsartikel Nr. 1 (aus: «Times of India»)
«Hochachtung vor dem Geist von Gladys Staines»
von Swami Agnivesh, Sozialarbeiter

Der grauenvolle Mord an Graham Staines und seinen beiden kleinen Söhnen in Manoharpur hat zu Recht das Gewissen der indischen Nation aufgeweckt. Nur wenige Ereignisse in der jüngsten Geschichte haben so viel spontane und universale Abscheu und Zorn hervorgerufen wie dieses unmenschliche Verbrechen. Ein Hauptgrund dafür ist offenbar die Art, in der Mrs. Staines und ihre Tochter auf diese unaussprechliche Tragödie reagiert haben. Es ist wichtig, daß wir diesen inspirierenden Aspekt eines ansonsten düsteren Geschehens nicht übersehen.

Lange nachdem die sensationellen Elemente dieser Ereignisse an Interesse verloren haben, wird uns die geistliche Statur von Mrs. Staines immer noch beschäftigen und herausfordern; ihre Größe, die sie durch ihre Antwort bewies. Obwohl sie von dem barbarischen Verbrechen an ihrem geliebten Mann und ihren lieben Kindern seelisch tief verletzt wurde, ließ sie nicht zu, daß ihr Geist von Haß durchtränkt würde. Sie war bereit, den Mördern ihres Mannes zu vergeben. Sie betete, daß die Liebe Gottes, die ihren Mann beseelt hatte, auch die Herzen der Mörder berühren möge. Sie hatte die geistliche Herzensgröße zu erkennen, daß diejenigen, die aus Haß alle Beherrschung verlieren, ebenfalls Geschöpfe Gottes sind, und daß auch sie Vergebung verdienen. Ihre dreizehnjährige Tochter Esther dankte Gott für die Liebe ihres Vaters zu den Menschen, die er behandelt hatte – Menschen, die an Lepra litten –, und daß Gott ihn würdig erachtet hatte, für Christus zu sterben. Müssen solche Reaktionen nicht sogar die härtesten Herzen erweichen?

Wahre Spiritualität

Es spricht Bände für die Größe von Gladys, daß sie sogar nach einem so schrecklichen Trauma unbedingt bleiben und die Arbeit ihres Mannes fortsetzen möchte, statt in die Sicherheit und Bequemlichkeit eines Lebens in Australien zurückzukehren.

Bezeichnend für die totale Identifikation der Familie Staines mit der örtlichen Bevölkerung ist ihre Fähigkeit, *Santali* zu sprechen. Welch ein erfreulicher Kontrast zu unserer Elite, deren Mitglieder darauf brennen, dieses Land zu verlassen und fettere Weiden zu suchen, und die ihren Reichtum in ausländischen Banken versteckt. Im Gegensatz zur Familie Staines halten sie es für unter ihrer Würde, lokale Sprachen zu sprechen. Und jeder mag selber raten, ob diese Elite wohl ihren Kindern gestatten würde, mit den Kindern von Leprapatienten zu spielen.

So ist es nicht verwunderlich, daß Menschen im ganzen Land und in allen Schichten gerade darin die große Bedeutung wahrer Spiritualität erkannten. Für Familie Staines ist das Vorbild dieser Spiritualität das Leben und der Kreuzestod von Jesus Christus.

Das Wesen des Glaubens

Durch Menschen wie Mrs. Staines findet eine Religion ihren wahren Ausdruck. Diejenigen von uns, die die eigene Religion lieben und achten, werden gewiß von diesem herausfordernden Beispiel inspiriert werden. Aber das genügt nicht. Wir müssen auch auf die Groß- und Einzelhändler unserer Religionen moralischen Druck ausüben. Dieses Land hat die Nase voll von all der im Namen der Religion verübten Gewalt, Ungerechtigkeit, Unterdrükkung und Täuschung. Seiner geistlichen Bestimmung wird Indien nur gerecht, wenn wir erkennen und anerkennen, daß Gott nicht ein Götze unserer egoistischen Interessen ist, sondern ein Schrei nach Wahrheit und Gerechtigkeit, der aus einem mit opferbereiter Liebe erfüllten Herzen bricht.

Zeitungsartikel Nr. 2 (aus: «Times of India»)
«Christen in Indien kennen keine andere Heimat»
von Irene Heredi, Journalistin

Fünfzig Jahre und zwei Generationen nach Erreichen der Unabhängigkeit sagt man den indischen Christen, sie gehörten nicht ins Land ihrer Vorfahren. Immer und immer wieder sind sie aufgefordert worden – bei manchen Gelegenheiten von prominenten Persönlichkeiten –, nach Kanada, nach Großbritannien oder nach Australien auszuwandern. Zur Begründung wirft man ihnen zweierlei vor: Sie seien un-indisch, und sie seien un-patriotisch.

Wer christliche Inder in Bausch und Bogen als un-indisch qualifiziert, verrät mangelnde Sensibilität einer Gemeinschaft gegenüber, für die Indien das einzige Heimatland ist. Im Bundesstaat Kerala, wo die Christen ihren Glauben um 52 n. Chr. von einem der Schüler Christi empfingen, haben sie ihr indisches Erbe seit fast zweitausend Jahren bewahrt. Dasselbe gilt für große christliche Gruppen, die später im ländlichen Maharashtra, in Madhya Pradesh, Karnataka und Tamil Nadu entstanden sind. Wenn «verstädterte» Christen in den Metropolen verwestlicht erscheinen, hängt das mit ihrem Bemühen zusammen, in ihrer Kleidung, in Musik, Literatur und Kunst modern zu sein. Beobachten wir bei «verstädterten» Indern der heutigen Generation, die anderen Gemeinschaften angehören, nicht genau dasselbe? Tragen die jungen Leute in Indien, ganz gleich, zu welcher Gemeinschaft sie gehören, nicht alle Jeans und tanzen zu Rockmusik? Gehört es nicht zur indischen Tradition, offen für andere Traditionen zu sein?

Was den anderen Vorwurf betrifft, den Vorwurf, unpatriotisch zu sein, ist es eine unbestreitbare Tatsache, daß die Christen nie um ein eigenes, autarkes Gebiet gebeten haben. Sie gaben, als die Verfassung geschrieben wurde, den Gedanken an getrennte Wählerschaften auf, und ihr Beitrag auf den Gebieten der Bildung, des Sports, der sozialen Dienste, des Gesundheitswesens und der Landesverteidigung übertrifft um ein vielfaches ihren zahlenmäßigen Anteil an der Bevölkerung unseres Landes. Das indische Christentum entnationalisiert niemanden, denn sie sind alle Kinder der indischen Erde, selbst wenn sie tatsächlich aus weit entfernten Ländern kommen und sich ein Leben lang darum bemüht haben, in Gedanken und im Handeln indisch zu werden.

Die christliche Religion legt heute das Schwergewicht darauf, durch Vorbild zu führen. Die paranoische Angst der Extremisten, ihr Status als Mehrheit sei bedroht, ist ohne jede Grundlage, wenn man bedenkt, wie winzig klein die christliche Gemeinschaft ist. Wenn es eine Gefahr für die Gesellschaft gibt, dann kommt sie aus ihren eigenen Reihen: wegen der Tabus, die sie praktiziert haben, und wegen ihrer Gesellschaftshierarchie, die jahrhundertelang die niedrigeren Klassen unterdrückt hat. Wer hat irgend jemandem das Recht gegeben, ein Monopol auf Patriotismus und Indischtum zu beanspruchen? Aus der indischen Verfassung läßt es sich jedenfalls nicht ableiten.

Wie kommt es dann, daß in unserem wunderbaren Land, in dem jede Religion der Welt zu Hause gewesen ist, einem Land, das sich stolz als die größte funktionierende Demokratie der Welt bezeichnet, die religiösen Minderheiten plötzlich mit Mißtrauen betrachtet werden? Nach dem Grund muß man nicht lange suchen. Christen sind ein leichtes Ziel. Sie sind angepaßt, freundlich, gesetzestreu, an Schutz und Unterstützung gewöhnt, während die Rechtsextremen darauf brennen, in einem Geist der Vergeltung das Rad der Geschichte und der Mythologie im Schnellgang vorwärts zu bewegen, um einen monokulturellen und nur auf die Mehrheit ausgerichteten Staat zu errichten.

Zeitungsartikel Nr. 3 (aus: «Mid-Day»)
«Mission mißverstanden»
von Arun Thomas

Der Mord an einem christlichen Missionar, der eine Lepraklinik in Manoharpur in der Nähe von Bhubaneswar leitete, ist sogar in einer von Gewalt geprägten Welt wie der unseren eine beunruhigende Nachricht. Er reiht sich ein in eine zweitausendjährige Geschichte von christlichen Missionaren, die vom Mob zu Tode gefoltert wurden. Von Stephanus, der im ersten Jahrhundert wegen seines Glaubens von gewalttätigen Männern wie Saulus von Tarsus zu Tode gesteinigt wurde, bis hin zu Graham Stuart Staines und seinen beiden Söhnen Philip und Timothy, die verbrannt wurden, während sie in einem Jeep schliefen, gibt es zahllose Beispiele.

Das Wort «Missionar» ist für einen vom Denken des ausklingenden zwanzigsten Jahrhunderts geprägten Menschen ein Greuel. Selbst eine hoch geachtete religiöse Bewegung wie die 1792 gegründete Church Missionary Society (CMS) ersetzte 1995 das Wort «Missionar» durch «Mission».

Man muß sich darüber im klaren sein, daß das Christentum, anders als der Hinduismus oder das Judentum, eine erklärtermaßen missionarische Religion ist. Das lateinische Wort «missio» bedeutet «Sendung». Christus wurde von seinem himmlischen Vater in die Welt gesandt (Johannes 20,19-23). Die Jünger wurden von einem auferstandenen und zum Himmel erhöhten Christus beauftragt und in alle Welt gesandt. Im Jahre 52 n. Chr. landete Thomas Didymus, einer der zwölf Apostel Christi, in der in Südwestindien gelegenen Hafenstadt Cranganore. So nannten die Einheimischen die Stadt, die griechische Kartographen als Muziris bezeichneten. Pandid Jawaharlal Nehru sagte einmal sehr zutreffend, der missionarische Christ sei so alt wie das Christentum selbst.

Christliche Missionare haben den Auftrag zu evangelisieren, nicht Proselyten zu machen. Proselytismus ist die Werbeaktivität jeder beliebigen religiösen Gruppierung, und das Wort Proselytismus kann die Bekehrung zu irgend etwas bedeuten, während Evangelisation von ihrem Wesen und von der Vorgehensweise her etwas genuin Christliches ist. Die Evangelisation verbreitet die Geschichte von Jesus und seine gute Nachricht für die ganze Welt. Evangelisierende Missionare haben den Weg nach vorn gewiesen – von Charles Wilkins, der die erste in den Landessprachen druckende Druckerpresse in Indien einführte (1778), über William Carey, der Wörterbücher in *Bengali*, *Sanskrit* und *Marathi* zusammenstellte, dann über die Jesuiten und den Protestanten John Wilson (Scottish Missionary Society), der Schulen und Colleges gründete, bis hin zu Mutter Teresa von Kalkutta.

Obwohl die Christen weniger als drei Prozent unserer Gesamtbevölkerung ausmachen, tragen sie durch direktes Engagement 20 Prozent unseres Schulwesens, über 25 Prozent der existierenden Unterstützungseinrichtungen für Waisen und Witwen und etwa 30 Prozent der gesamten Arbeit unter Behinderten, Aids-Patienten und Leprakranken (für die sich Graham Staines die letzten dreißig Jahre seines Lebens einsetzte).

Wenn wir uns jetzt dem Ende dieses Milleniums und dieses Jahrhunderts nähern, in dem so viel unschuldiges Blut vergossen worden ist, sollten wir nicht zurückblicken in den finsteren Kerker vergangener ungeheilter Erinnerungen an religiösen Haß. Ignoranz und Intoleranz sind alte Feinde, die unsere Kultur des «Leben-und-leben-Lassen» gefährden. Wir dürfen nicht zulassen, daß diese Feinde sich unserer sozio-ökonomischen Probleme bemächtigen.

Im Religionsmosaik Indiens stellt das Christentum mit seiner Fürsorge für die Armen und Ausgestoßenen einen bunten Eckstein dar. Missionarisches Christentum ist im wesentlichen eine lebendige, befreiende Kraft für die Schwachen und Unterdrückten – sofern es evangelisiert und nicht Proselyten wirbt – innerhalb des säkularen Rahmens unserer Verfassung, die es religiösen Minderheiten erlaubt, den eigenen Glauben zu predigen, zu praktizieren und zu propagieren, ohne Mitbürgern zu schaden. Indische Christen sind im allgemeinen eine friedfertige Schar.

Sie haben sich immer bemüht, ihre missionarische Evangelisation mit Liebe und Mitgefühl, Sensibilität und Demut auszuüben und darin bewußt dem Vorbild Christi zu folgen, der die ganze Menschheit lehrte, die Freiheit und Würde jedes einzelnen Menschen zu achten, ist er doch im Bild Gottes geschaffen.

Kann man etwas Großartigeres sagen als das, was die verwitwete Mrs. Staines sagte, als man sie über den Tod ihres Mannes und ihrer beiden Söhne informierte: «Ich bin erschüttert, aber nicht zornig …»?

Zeitungsartikel Nr. 4 (aus: «Times of India»)
«Unergründlicher Staat»
von T. K. Oommen, Kolumnist

Eine ganze Reihe von gewaltsamen Angriffen auf Christen wurden in jüngster Zeit in der indischen Presse gemeldet. Zu diesen Angriffen gehörten das Verbrennen von Bibeln, die Störung von Gottesdiensten in der Karwoche und die Vergewaltigung von Nonnen. Diese Zwischenfälle werden von den Extremisten der indischen Gesellschaft als legitime «nationalistische Reaktion auf die anhaltenden Missionierungsversuche der Kirche in Indien» zu rechtfertigen versucht. Zwar haben Sprecher der meisten politischen Parteien die Zwischenfälle unverzüglich pflichtgemäß verurteilt, aber die schweigende Mehrheit der Gesellschaft steht den Ereignissen völlig gleichgültig gegenüber. Dies ist das typische Szenario, wenn religiöse Minderheiten periodisch gewaltsam angegriffen werden.

Wenn an gewissen Orten mit Gewalt gegen religiöse Minderheiten vorgegangen wird, an Orten, wo diese Minderheiten konzentriert sind und noch eine gewisse Schlagkraft besitzen, führt dies zu gesellschaftlichen Zusammenstößen und Aufständen, die den Staat und die Behörden aufschrecken. Das kollektive Gewissen der «Nation» blutet, und die für Gesetz und Ordnung zuständigen Stellen werden aufgerufen, endlich einzuschreiten. Kommt es aber zu gewaltsamen Übergriffen in Gebieten, wo die religiösen Minderheiten rein zahlenmäßig kaum eine Rolle spielen und auch soziologisch und ökonomisch am Rand stehen und deshalb hilflose Opfer sind, läßt sich eine Gleichgültigkeit feststellen, die an stillschweigende Billigung grenzt.

Die Gewaltrate steigt oder sinkt normalerweise je nach der erwarteten Haltung der zur Zeit regierenden politischen Partei(en). Wenn diejenigen, die Gewalt als Mittel der Politik betrachten, den Eindruck haben, daß die Regierung milde oder gleichgültig reagieren wird, wird aller Wahrscheinlichkeit nach die Gewaltrate steigen. Wenn hingegen damit zu rechnen ist, daß die Regierung auf Gewaltakte mit exemplarischen Strafen antworten wird, dürfte die Gewaltrate sinken. Nun gibt es zwar keine unwiderleglichen Beweise dafür, daß die gegenwärtige von der BJP angeführte Regierungskoalition die wachsende Gewalt gegen Christen unterstützt; aber offenbar gehen die Gewalttäter davon aus, daß die Regierung ihnen gegenüber nachsichtig sein wird, weil der größte Koalitionspartner der BJP in ihrem Lager ist.

Die Christen machen in Indien zwar nur 2,5 Prozent der Bevölkerung aus, aber das sind immerhin über zwanzig Millionen Menschen. Sie leben allerdings höchst unterschiedlich verteilt. So leben 89 Prozent der Christen in drei geographischen Regionen: 65 Prozent in Südindien,

13 Prozent in Nordostindien und 11 Prozent im Gürtel von Chotanagpur in Ostindien. Gewalt gegen Christen bleibt kaum folgenlos in den Gebieten, in denen sie die Bevölkerungsmehrheit bilden (beispielsweise in Mizoram, Nagaland und Meghalaya) oder wo ihr Anteil zumindest ins Gewicht fällt (beispielsweise in Manipur, Goa, Kerala oder Chotanagpur). Doch selbst das scheint sich zu ändern, wie die Grausamkeiten gegen eine kürzlich konvertierte christliche Familie in Goa beweisen.

In Nord- und Westindien leben ungefähr 60 Prozent der indischen Bevölkerung, aber nur etwa ein Prozent der indischen Christen. Das bedeutet, daß die Christen am kulturellen Mainstream Indiens praktisch keinen Anteil haben. Die indischen Christen entstammen vor allem den peripheren Nationalitäten des dravidischen[5] Indien und den subalternen, sehr niederkastigen Nationalitäten der indischen Stammesgruppen. Das treibt einen breiten Keil zwischen die indischen Christen und die meisten der dominanten Nationalitäten, die den Indus-Ganges-Gürtel bewohnen und indo-arische Sprachen sprechen. Zugegeben, die in der «Nation» dominierenden Elemente stehen dem, was mit den indischen Christen geschieht, weitgehend gleichgültig gegenüber. Diese Gleichgültigkeit ist historisch bedingt.

Die indischen Christen haben vier wichtige Wurzeln. Da sind zunächst einmal die vorkolonialen Christen von Kerala, die sich als einzelne und als Familien bekehrten. Sie gehörten mehrheitlich zu den oberen Kasten und zur örtlichen Landaristokratie. Zweitens gibt es diejenigen, die in Nord- und Südindien im Rahmen von Massenbewegungen während der Kolonialzeit das Christentum annahmen. Diese Christen stammen vorwiegend aus

---

5 Als «Draviden» werden die ursprünglich hellhäutigen Bevölkerungsgruppen bezeichnet, die nach Nordindien eingewandert sind und wegen ihrer Hautfarbe als höher- oder oberkastig eingestuft werden.

niedrigeren Kasten und Stämmen in Zentralindien. Drittens gibt es die Christen unter der Mischbevölkerung, also bei den Anglo-Indern[6] und den Portugiesisch-Indern[7]. Und dann gibt es viertens die, die das Christentum annahmen, nachdem Indien unabhängig geworden war, die Stammesvölker und -gruppen in Nordostindien. Trotz dieser ganz verschiedenen Wurzeln werden die indischen Christen von der öffentlichen Meinung insgesamt als Produkte des Kolonialismus betrachtet. Diese verzerrte Wahrnehmung wird von einem Teil der Hindus ganz bewußt verstärkt, um Christen als «antinational» und prowestlich zu stigmatisieren.

Hier muß man aber dreierlei festhalten. Erstens hat man in weiten Kreisen der Bevölkerung selten sauber zwischen europäischer Missionsarbeit und britischer Kolonialherrschaft unterschieden. Zweitens hat es ein Kirchenamt gegeben, das für den Unterhalt von Bischöfen, Priestern und Kirchen zuständig war. Drittens durften sich einzelne Offiziere als Privatleute an christlicher Arbeit beteiligen.

Die indischen Christen sind auch Kinder der vor- und der postkolonialen Zeit. Das heißt, nur ein Teil der indischen Christen hat sich während der Kolonialzeit dem Christentum zugewandt. Eine höchst aufschlußreiche Tatsache sollte hier bedacht werden: Aufgrund der vom britischen Kolonialstaat durchgeführten Missionskampagne hätte sich ja eigentlich nur der Anteil der protestantischen Christen[8] in Indien vergrößern dürfen. Tatsache ist

6 aus englisch-indischen Mischehen hervorgegangen und rein englischsprachig

7 wohnen hauptsächlich in Goa (bis 1961 portugiesische Kolonie) und sprechen einen eigenständigen indischen Dialekt, oft aber auch noch Portugiesisch

8 dazu werden in Indien vor allem die Anglikanischen und Lutherischen Kirchen (vor allem in Südindien) sowie die «Church of India» gezählt.

aber, daß fünfzig Prozent der indischen Christen Katholiken sind und daß zu der zweiten Hälfte nicht nur Protestanten gehören, sondern auch verschiedene andere Denominationen[9]. Es läßt sich also nur ein kleiner Teil der indischen Christen auf den Kolonialstaat zurückführen.

Es stimmt, daß es auch im unabhängigen Indien Bekehrungen zum Christentum gegeben hat. Aber die Statistiken zeigen, daß es in den letzten fünfzig Jahren kein spektakuläres Wachstum des christlichen Bevölkerungsanteils gegeben hat. Dabei muß betont werden, daß die Werbung für die eigene Religion im Rahmen der Verfassung des freien Indien gestattet ist.

Verboten ist es laut Verfassung allerdings, mit betrügerischen Mitteln Bekehrungen herbeizuführen. Wenn also eine religiöse Gruppe zu betrügerischen Mitteln greift, um zu wachsen, dann ist sie verfassungswidrig. Wenn andrerseits eine religiöse Gruppe eine andere religiöse Gruppe, die sich im Rahmen der Legalität bewegt, bedroht, dann handelt diese Gruppe gegen Geist und Buchstaben unserer Verfassung. Worauf es ankommt ist, daß jeder die Verfassungsbestimmungen in bezug auf religiöse Propaganda achtet, statt Beschuldigungen und Gegenbeschuldigungen zu erheben. Und falls irgendein Teil der Gesellschaft gegen die Regeln verstößt, dann sollten Staat und Gesellschaft Maßnahmen ergreifen, um die Einhaltung der verfassungsmäßigen Rechte und Pflichten zu gewährleisten.

Zeitungsartikel Nr. 5 (aus: «Times of India»)
«Hört auf damit!»
von Malavika Sanghvi, Kolumnist

Ein außer Rand und Band geratener Mob stürzt sich auf einen Missionar und verbrennt ihn und seine zwei Kinder

---

9 womit alle evangelikalen, pfingstlichen und charismatischen Gemeinden gemeint sind.

– und seine Witwe sagt: «Herr, vergib ihnen, denn sie wissen nicht, was sie tun.»

Dieser Satz aus der Bibel ist plötzlich aus den religiösen Büchern mitten in die Arena aktueller Ereignisse gesprungen. «Herr, vergib ihnen, denn sie wissen nicht, was sie tun.» Denken Sie mal darüber nach. Das ist nicht mehr nur ein trockenes Zitat aus einem anderen Zeitalter. Es ist plötzlich eine legitime Antwort auf ein heimtückisches Verbrechen.

Jahrhundertelang hat man uns gelehrt, denen zu vergeben, die uns verletzen, und die Rache einer höheren Autorität zu überlassen. Aber kann in einer Welt, in der es so viel Ungerechtigkeit und Destruktivität gibt, dieses «Die-andere-Wange-Hinhalten» eine sinnvolle Form sein, sich mit Widerständen und den Vorboten unseres Untergangs auseinanderzusetzen?

Können wir an der Schwelle eines neuen Jahrtausends wirklich eine – in den Augen mancher Leute überholte – superpazifistische Reaktion propagieren und damit unseren Peinigern gegenübertreten? Sind Vergebung und der Verzicht auf Anklagen nicht ein Ausweichen vor den Problemen? Ich meine: Nein. Mir selbst kommt immer und immer wieder der Satz «Herr, vergib ihnen, denn sie wissen nicht, was sie tun» über die Lippen, wenn ich mich mit persönlichen und öffentlichen Widerständen auseinandersetzen muß.

Für mich ist er kein Wahlspruch von Schwächlingen, die damit ihre Passivität rechtfertigen. Ich stelle vielmehr fest, daß die Haltung, uns über den unmittelbaren Schmerz zu erheben und über diejenigen, die ihn uns zugefügt haben, die wirksamste Art des Umgangs mit den Herausforderungen darstellt, mit denen wir alle fertig werden müssen. Die wahrhaft Erfolgreichen und Langlebigen haben etwas gemeinsam, sagt man uns: Sie kümmern sich weiterhin um ihr eigenes Leben und überlassen Rache und feingesponnene Pläne, es den anderen heimzuzahlen, den Händen einer anderen Macht.

Und doch kennen wir in unserer Umgebung so viele Leute, die ihr ganzes Leben damit zubringen, den Niedergang ihrer vermuteten Feinde zu planen. Leute, die in schlaflosen Nächten hin und her überlegen, wie sie A übervorteilen und wie sie B die verdiente Strafe zukommen lassen können, und die ihre Tage damit zubringen, die Opposition zu stürzen.

Wir alle kennen Leute, die ihr ganzes Leben damit zuzubringen scheinen, ihre Wunden zu lecken; Leute, deren Existenz von den Dämonen der Rache und des Heimzahlens regiert wird.

Ihnen möchte ich sagen: Hört auf damit! Die einzigen, denen wir schaden, wenn wir diesen negativen Mächten nachgeben, sind wir selbst. Ja, es gibt Leute, die uns empörendes Unrecht angetan und uns sehr verletzt haben; es gibt Leute, die allem Anschein nach mit schreiendem Unrecht davongekommen sind. Es gibt Leute, die uns das Messer in den Rücken gestoßen haben und schlau genug gewesen sind, sich als Unschuldslämmer zu präsentieren, ja, als die eigentlichen Opfer.

Hört auf! Kommt darüber hinweg! Und, jawohl, haltet die andere Wange hin! Ihr werdet sehen, wieviel leichter und freier ihr euch fühlen werdet. Ihr werdet den Schlaf der Gerechten schlafen.

Und was die Witwe und Mutter betrifft, die für die Mörder ihres Mannes und ihrer Kinder um Vergebung gebeten hat – was kann ich dazu sagen?

Die Ironie ist, daß sie durch diesen einen atemberaubenden Akt der Barmherzigkeit mehr Menschen zu ihrer Religion bekehrt hat, als es vielleicht Jahrzehnte aggressiver Missionierungsbemühungen je erreichen würden.

Zeitungsartikel Nr. 6 (aus: «Times of India»)
«Brennende Kinder»
von C. P. Surendran, Kolumnist

Kittu ist etwas über ein Jahr alt. Er ist augenblicklich nicht in Mumbai. Er ist in den Ferien. Er ist mein Sohn. Weil Kittu nicht da ist, ist im Haus alles ordentlich. Und es ist still bis auf die anarchischen, scheußlichen Januarsturmböen. Auf einer Seite fließt ein breiter Bach an meinem Haus vorbei. Der Bach starrt, weiß und schimmernd, wie ein riesiges wirbelndes Auge, das in die Erdoberfläche eingelassen ist. Dieses Auge sieht wohl eine ganze Menge.

Letzte Nacht hielt ich alle Fenster geschlossen, damit der Sturm keinen Schaden anrichten konnte. Aber man hörte noch, wie er heulte und an Wänden und Fenstern rüttelte. Ich hatte Angst, die Fenster zu öffnen. Wer weiß, was für ein unheimliches Geschöpf auf seiner Mähne hereingeritten kommt, in einer Sprache kreischend, deren kalte Brutalität wir lieber nicht verstehen; besonders in diesem letzten Jahr des Jahrtausends. Ah, Zeichen umgeben uns. *Apocalypse now*. Wie können wir unsere Kinder vor uns schützen?

Graham Stuart Staines muß sich für einen kurzen Augenblick überlegt haben, wie er seine Kinder Philip und Timothy retten könnte, ehe alle Gedanken in unerträglicher Hitze untergingen. Der Jeep, in dem er und seine Kinder schliefen, wurde in der Nacht des 23. Januar in Manoharpur, Keonjhar, Orissa, von einer von Dara Singh alias Rabindra Kumar Pal angeführten Gang in Brand gesetzt.

Staines' angebliches Verbrechen bestand darin, Stammesleute zum christlichen Glauben bekehrt zu haben. Der Missionar muß eine heiße Sekunde lang gedacht haben, der kleine Philip und Timothy gingen durch *seine* Schuld in Flammen auf. Hätte Staines nicht mindestens 34 Jahre lang unter indischen Leprakranken gearbeitet, liefen seine Kinder vielleicht jetzt noch irgendwo herum. Manchmal tötet auch unsere Freundlichkeit. Ob Leprakranker oder Leopard – denk zweimal nach, ehe du dich mit ihm abgibst! Jede Handbewegung streckt sich in das schreckliche Unbekannte aus.

Die Frage, die wir uns stellen müssen, lautet: Welche dunkle indische Leidenschaft wird beim Massaker an Kindern gestillt? Philip und Timothy sind nur zwei von acht Kindern, die in der vergangenen Woche ermordet worden sind. Im Staat Bihar, in Jehanabad, waren unter den 23 *Dalits*, die von der Ranvir Sena [politische Partei mit extremistischem, nationalistischem Programm] umgebracht wurden, sechs Kinder. Man kann es sich leicht machen und den Tod dieser Kleinen als «Kollateralschäden» im Kreuzfeuer wegerklären. Und dann ist Bihar ja auch ein anderes Land. Aber zumindest im Fall der Staines hätten die Kinder verschont werden können, wenn denn schon alles Fleisch verbrannt werden mußte.

Diese zunehmenden Akte blinder Gewalt sind Zeichen. Wir kehren zu einem rabenschwarzen Zeitalter zurück, zu einer Welt, die von Dara Singhs bevölkert wird. Zu einem Geisteszustand, wonach Bekehrung, nicht Hunger oder Schmutz, ein Verbrechen ist, das mit dem Tod bestraft wird. Das Urteil wird von den Heerscharen der Nacht vollstreckt, die nicht zwischen Kindern und Erwachsenen unterscheiden können. Ganz allmählich, während wir alle Fenster verriegeln und uns einschließen, wird Indien zu einem anderen Land. Zum Monsterland. Hoffentlich wird Kittu, wenn er erwachsen wird, den Unterschied kennen. Hoffentlich wird das Schreckliche dann längst gebändigt sein.

Zeitungsartikel Nr. 7 (aus: «The Week»)
«Der verlorene Sohn»

An seinen nichtssagenden Augen lassen sich keine finsteren Absichten ablesen. Sein Benehmen läßt überhaupt nicht auf Haß schließen. Rabindra Kumar Pal ist einer von den Millionen Indern, die man wahrscheinlich ignorieren würde, wie man einen Zephir [sanfter Westwind] an einem hektischen Morgen ignoriert. Aber ohne daß diejenigen, die seinen Weg kreuzten, es merkten, nährte der Vierunddreißigjährige aus dem Dorf Kakor Bujurag im Distrikt Auriya in seinem Inneren eine heimliche Wut. Als diese Wut in der Nacht des 22. Januar in dem entlegenen Dorf Manoharpur in Orissa offen ausbrach, vernichtete ihre Brutalität nicht nur den Missionar Graham Staines und seine beiden kleinen Söhne, sie versengte auch das Gewissen der Nation.

Hindu-Fanatiker? Auftragsmörder? Irrer? Was ist das für ein Mann, der an Mahatma Gandhis Geburtstag geboren wurde und ein Verbrechen begehen sollte, das nach den Worten von Präsident K. R. Narayanan «zu den schwärzesten Taten der Welt» gehört? Rabindras fünfundsiebzigjährige Mutter Ramrati weiß darauf keine Antwort. Mit von Schmerz und Scham umwölkten Augen fragt sie sich, wie ihr Sohn zum meistgesuchten Mann in Indien werden konnte. «Er hat doch nie einer Fliege etwas zuleide getan», flüstert sie in ihrem Haus in Kakor Bujurag.

Rabindra hat das Dorf schon vor Jahren verlassen, aber die Einwohner erinnern sich noch an seine schwierige Kindheit. Die bittere Armut seiner Eltern setzte dem jungen Mann schwer zu. «Ich will Geld verdienen, statt weiter zu studieren», sagte er seinen Eltern, nachdem er dem College den Rücken gekehrt hatte.

Eines Tages haute Rabindra, das älteste der sechs Kinder des Arbeiters Milli Pal, von zu Hause ab, ohne sich von irgend jemandem zu verabschieden. In Orissa machte Rabindra sich dann schnell einen Namen: In wenigen Jahren hatte er fast ein Dutzend Strafverfahren am Hals. Im letzten Februar ging in der Polizeistation von Keonjhar gegen ihn eine Anzeige wegen versuchten Mordes ein. Eine weitere Anzeige wegen Mordes folgte im September in der Station Malida. In den vergangenen drei Jahren entwickelte sich Rabindra, der inzwischen von seinen Anhängern im Gebiet der Stammesvölker *Dara Singh* genannt wurde, zu einem fanatischen Kämpfer für seine Religion. Er reiste in entlegene Dörfer und warnte die Bewohner vor den schlimmen Absichten der christlichen Missionare. Und er begann mit seinen Verbindungen zur Bajrang Dal [extremistische, sehr aktive Splitterpartei] zu prahlen. Bei den letzten gesamtindischen Parlamentswahlen bedienten sich angeblich die örtlichen Verantwortlichen der BJP seiner Dienste, um unter den Stammesleuten Stimmen für sich zu gewinnen. Einen großen Teil seiner Zeit und Kraft verwandte er allerdings darauf, die christlichen Missionare zu bekämpfen.

Einem Report des Innenministeriums zufolge wurden Rabindra in den meisten Fällen Einschüchterung und kriminelle Handlungen gegen Angehörige von Minderheiten zur Last gelegt. Die siedende Wut in Rabindras Herzen begann am 20. Januar überzukochen, als er erfuhr, daß sich einige Stammesleute zum Christentum bekehrt hatten. Rabindra und eine Gruppe von Fanatikern trafen sich im Dorf Tulsi Bani und schmiedeten Pläne. Dann marschierten sie nach Manoharpur, um Graham Staines eine Lektion zu erteilen.

Herr, mein Fels,
meine Burg, mein Erretter.
Psalm 18,2

Man kann das Poster nicht übersehen, das im Haus der Staines in Baripada an einer Wand hängt. Nach dem Angriff des Mobs haben die Worte darauf für Gladys Staines eine noch tiefere Bedeutung gewonnen. Sie hat ihren Mann und zwei Söhne verloren, aber ihren Glauben an Gott hat sie nicht verloren. «Er gibt, und er nimmt», sagt die neunundvierzigjährige Australierin, die Staines 1983 heiratete. Nun hat sie nur noch Tochter Esther (13) als

Stütze und Trost. Neben ihrem Herrn – ihrem Felsen und ihrer Burg. Tausende in Baripada und weit darüber hinaus fragen sich, warum Staines ermordet worden ist. «Er war ein stiller, ernsthafter Mann», sagt Siddhartha Sahu, ein Mitarbeiter von World Vision in Chennai. «Im Laufe seiner vierunddreißigjährigen Arbeit in Indien muß er Tausenden einen Ausweg aus Armut und Analphabetismus ermöglicht haben.» Bevor Staines nach Manoharpur aufbrach, versammelten sich einige seiner Freunde in seinem Haus in Baripada. Unter ihnen war Santanu Satpathy, den er seit 1956 kannte. Beide hatten am gleichen Tag, am 18. Januar, Geburtstag, und Gladys schlug vor, «mit einer Torte beide Geburtstage zusammen zu feiern», erinnert sich Satpathy. Subhankar Ghosh, Dozent für Botanik am Revenshaw College von Cuttack, war ebenfalls bei der Geburtstagsfeier anwesend. «Niemand konnte ahnen, daß als nächstes, fünf Tage später, ein Freund an der Beerdigung des anderen teilnehmen würde», sagt er.

Der australische Missionar kam 1965 nach Mayurbhanj und übernahm die Leitung des Lepraheims, das hundert Jahre zuvor mit Unterstützung des damaligen Herrschers gegründet worden war. Hundert Patienten können dort stationär behandelt werden. Neben der medizinischen Behandlung bildete er sie in verschiedenen Berufen aus. Bhaduram Tudu (35), der seit zwei Jahren in Behandlung ist, erzählt: «Wir haben ihn *dada* [älterer Bruder] genannt. Ich bin nie einem Menschen wie ihm begegnet.»

Da würde Gladys zustimmen. «Niemand kann die Arbeit tun, die er getan hat», sagt sie. Aber sie, die ausgebildete Krankenschwester, möchte mit der Arbeit für die Armen weitermachen, besonders im Lepraheim. Sie hat keinerlei Zweifel, wo sie sein möchte: «Ich würde gerne in Indien bleiben. Dies ist mein Land.»

Auch ihre Söhne fühlten sich mit diesem Land so verbunden. «Philip identifizierte sich total mit der indischen Kultur», erinnert sich Stanley Thomas, Lehrer an der Hebron School in Ooty, an der der Junge als Internatsschüler studierte. «Neben vielem anderem trug er liebend gern den *kurta pyjama*[10], vor allem sonntags zum Gottesdienst.»

Zeitungsartikel Nr. 8 (aus: «Hebron News»)
«Nachruf der Hebron School»

von Direktor David Coates und dem Vorstandsvorsitzenden Ted Mahr. (Die Hebron School in Ooty, Bundesstaat Tamil Nadu, ist ein landesweit bekanntes, christlich geführtes Internat.)

[Philip Staines war Schüler an dieser Schule, und Esther Staines besucht die Schule auch heute noch. Graham Staines gehörte zum Schulvorstand.]

Ihr alle kennt die tragischen Ereignisse, die Familie Staines getroffen haben. Graham, einer unserer Väter und Vorstandsmitglied, wurde zusammen mit Philip und Timothy am 23. Januar in Orissa von einem Mob von Extremisten ermordet. Wir alle spüren etwas von dem Verlust und dem Trennungsschmerz und fühlen mit Gladys und Esther. Ihre Tapferkeit und ihr Glaube inmitten der persönlichen Tragödie sind für Millionen von Menschen in Indien und weit darüber hinaus ein Zeugnis und eine Quelle der Inspiration gewesen. Wir haben das neue Schuljahr mit einem Gedenkgottesdienst begonnen, und der Hauptredner war der Vorsitzende des Vorstands von Hebron, Ted Mahr. Er würdigte vor allem Graham als Mitglied des Vorstands. Im folgenden einige Auszüge aus seiner Ansprache:

---

10 typische indische Bekleidung für Männer: leichte Hose und bis zu den Knien reichendes, langes Oberhemd.

«Ich möchte Mrs. Gladys Staines und Esther unserer von Herzen kommenden Teilnahme versichern. Wir haben Anteil an eurem Schmerz, und wir hoffen, daß wir, entsprechend der geheimnisvollen Ökonomie Gottes, eure Last der Trauer und des Schmerzes etwas leichter machen konnten.

Wir haben Graham als einen weisen Mann geschätzt. Graham leistete einen wichtigen und nachhaltigen Beitrag zur Arbeit des Vorstandes. Seine Weisheit im Umgang mit schwierigen Fragen war wichtig. Als Vorsitzender spürte ich seine Unterstützung, wenn wir als Vorstand unserer Rolle und unserer Verantwortung vor Gott gerecht zu werden versuchten. Wir schätzten Graham als einen Mann der Hingabe und des Engagements. Er führte ein Leben, das den Händen seines Herrn ausgeliefert war. Ein Leben, das Gott zur Verfügung stand und von Gott gebraucht wurde, um unermeßlich viel Gutes zu tun. Wir erinnern uns an die Worte Jesu in Matthäus 5: ‹Ihr seid das Licht der Welt. Laßt euer Licht leuchten vor den Leuten, damit sie eure guten Werke sehen und euren Vater im Himmel preisen.›

Wir haben Graham als einen wahrhaft demütigen Mann kennengelernt. Ich meine damit nicht die Schwäche eines ungenügenden Selbstwertgefühls. Ich spreche von der starken Demut, die das Ich beiseite schiebt und sich auf den Herrn verläßt, statt auf die eigene Kraft zu bauen. Die Demut, die der Kraft Gottes Raum gibt, damit diese fließen kann. Wir haben Graham als einen Mann des Wortes Gottes geachtet. Wir haben seine Fähigkeit geschätzt, uns als Vorstand, als Schule und als einzelnen Menschen von der Bibel her zu dienen und zu helfen. Sein Leben legte Zeugnis ab von seiner persönlichen Bindung an Gottes Wort. Er hatte einen Dienst am Wort und einen Dienst an kranken Körpern.

Machen wir uns klar, daß wir heute *unseretwegen* trauern. Wir fühlen unseren Schmerz, den Trennungsschmerz, den Schmerz des Verlustes ihrer Gegenwart, den

Schmerz zerbrochener Beziehungen. Nicht sie tun uns leid, sie, die von uns gegangen sind. Nicht ihr Schicksal betrauern wir, als seien sie nicht mehr. Wir wissen, wo sie sind – sie sind beim Herrn. Wenn ich einmal in der Sprache der Heilsarmee von Graham und Phillip und Timothy sprechen darf: Sie sind ‹zur Herrlichkeit befördert worden›! Und inmitten unserer Trauer können wir uns über diese Gewißheit freuen.

Wir rufen uns Jesu Worte ins Gedächtnis: ‹Denn wer sein Leben erhalten will (das bedeutet: Wer sich daran festklammert und es für sich selbst behalten will), der wird's verlieren; wer aber sein Leben verliert um meinetwillen, der wird's finden.› (Matthäus 16,25)

Es wird berichtet, daß Jesus das zweimal sagte. Einmal im Zusammenhang mit den Kosten der Jüngerschaft, und zum zweiten Mal im Zusammenhang mit seinem eigenen Tod – seinem Opfer für die, die ihm nachzufolgen bereit sind. Wir folgen einem Herrn nach, der uns die Nachfolge ermöglicht hat. Graham ist seinem Herrn nachgefolgt.

Gottes Wesen unterscheidet sich so grundlegend vom Wesen des Menschen, daß Jesus uns befohlen hat, unsere Feinde zu lieben und denen wohlzutun, die uns verfolgen, damit wir wahre Gotteskinder sein können und unserem Vater im Himmel ähnlich sind.

In Johannes 12,24 heißt es, wenn ein Weizenkorn nicht in die Erde falle und sterbe, dann bleibe es ein einzelnes Samenkorn. Wenn es aber sterbe, bringe es viel Frucht. Unser Gott ist der Schöpfergott, und sein Schöpferhandeln dauert bis heute an. Er schafft selbst aus schrecklichen Taten Gutes.

Laßt uns erwartungsvoll zusehen, was Gott aus dieser Tat an Gutem wachsen lassen wird, welche Ernte er dieser Aussaat folgen lassen wird.»

Fünfzehn Monate später ...

12. Interview mit Gladys Staines am 26. April 2000

Von Andreas Rapp,
dem Herausgeber der deutschsprachigen Ausgabe

Andreas Rapp: *Mrs. Staines, es ist die Absicht dieses Buches, durch Ihre persönliche Geschichte anderen eine Ermutigung für ihr eigenes Leben zu geben. Erleben Sie, daß dies durch die Veröffentlichung in Indien auch geschieht?*

Gladys Staines: Ich war, ehrlich gesagt, nicht glücklich mit der ersten [indischen] Auflage des Buches. Der Verlag hatte mir geschrieben, daß sie etwas veröffentlichen würden, aber sie gaben es mir nie zu lesen, um mir so wenigstens Gelegenheit zu geben, das zu prüfen, was ich gesagt hatte. Es waren dann Dinge darin von mir zitiert, die ich normalerweise nicht sagen würde, und auch faktische Irrtümer, zum Beispiel, daß Grahams Großeltern Christen gewesen seien. So etwas mag ich nicht. Ich möchte darauf achten, die Wahrheit zu sagen und sicherzustellen, daß das, was gedruckt wird, ebenfalls der Wahrheit entspricht. Man hatte mich stets gelehrt, wahrhaftig zu sein. So sagte mein Vater mir immer: Bringe nichts zu Papier, wenn du nicht möchtest, daß es dann auch für immer da ist.
Bei dieser jetzt vorliegenden zweiten Auflage [sie liegt der deutschen Übersetzung zugrunde] konnten wir diese Fehler beseitigen.

Andreas Rapp: *Wie sehen Sie insgesamt die Rolle der Presse in den ganzen Vorgängen um die Ermordung Ihres Mannes und Ihrer Kinder?*

Gladys Staines: Ich denke, die Presse hat insgesamt eine gute Berichterstattung geliefert, und das ist wirklich erstaunlich, denn oft ist sie so negativ. Soweit ich es gelesen habe, wurde geschrieben, was ich gesagt habe; und das gab Gelegenheit, von Gott Zeugnis abzulegen und das Evangelium zu verkündigen. Und das ist gewaltig!

Ich denke, daß vielleicht in der Zukunft noch weiter darüber berichtet werden sollte, wegen der Konsequenzen des Ganzen. Ihre Tode waren gewöhnliche Tode – aber sie bedeuten etwas für die indische Kirche. Ich war gerade in New York, auch bei vielen Treffen mit Indern, und habe viel Anteilnahme erfahren und gesehen, daß ich in gewisser Weise schon für die verfolgte Kirche in Indien stehe; ich denke, so sehen mich die Leute. Auch Menschen in Indien sehen mich als Symbol für die Verfolgung der Kirche.

Andreas Rapp: *Wie sehen Sie sich selbst diesbezüglich?*

Gladys Staines: Das weiß ich nicht, und vielleicht ändert sich meine Meinung auch noch. Ich möchte einfach nicht so viel Publicity – und auf der anderen Seite sehe ich natürlich auch, daß es vielleicht der Kirche hilft! Ich weiß es nicht, um ehrlich zu sein.

Andreas Rapp: *Meine persönliche Beobachtung ist die: Indische Christen sind durch Sie ermutigt worden. Sie sehen Ihr Vorbild und sagen: Wenn sie das durchstehen kann, dann sollten wir dazu auch in der Lage sein.*

Gladys Staines: Meinen Sie dabei auch die Tatsache, daß ich geblieben bin?

Andreas Rapp: *Ja, geblieben sind und vergeben haben – und wie Sie die ganze Situation durchstehen. Dies war und ist vielen indischen Christen Ermutigung in ihrer eigenen, manchmal lebensbedrohlichen Situation.*

Gladys Staines: Das ist natürlich eine positive Auswirkung. Auf der anderen Seite habe ich Hunderte und Aberhunderte von Briefen von Nichtchristen aus ganz Indien bekommen – und noch viele aus der ganzen Welt – und bekomme immer noch solche, die sagen: «Es tut uns sehr leid, was geschehen ist! Wir sind Hindus und schämen uns dessen. Das ist nicht Hinduismus. Bitte vergeben Sie uns!» Und es gibt auch immer noch Leute, die an Busstationen, Bahnhöfen oder Flughäfen auf mich zukommen und fragen: «Sind Sie nicht Mrs. Staines? Wir haben Sie in der Zeitung gesehen und möchten Ihnen sagen, wie leid uns das tut, was Ihnen widerfahren ist.» Also Menschen, die das, was geschehen ist, fast so nehmen, als sei es durch sie selbst geschehen. Das ist wirklich bewegend, und man realisiert, wie tief die Menschen betroffen sind.

Andreas Rapp: *Sie sehen also selbst auch eine weitere Bedeutung für das ganze Land?*

Gladys Staines: Nun, ich habe viele weitergehende Aussagen gehört, sie aber oft nicht weiterverfolgt. Ich denke aber, daß dies für mich auch mit dazu beigetragen hat, letztlich zu erkennen, daß der Tod meines Mannes und meiner Söhne nicht nur mein Verlust ist, sondern der Verlust vieler – und vielleicht ist «Tod» hier noch nicht einmal das richtige Wort. Ihre Tode sind symbolisch für eine größere Sache. Wir pflegen als Mission auch einen kleinen Friedhof, und ich wählte zuerst eine Parzelle, in der keine großen Grabsteine aufgestellt werden. Ich wollte nichts anderes als ein schlichtes Grab. Als dann aber die Zeit verstrich und Leute kamen, die den Friedhof und das Grab sehen wollten, und als es dann auf Weihnachten und damit schon bald einmal auf den ersten Jahrestag ihres Todes zuging – in der Zwischenzeit hatten wir wegen der Regenzeit nichts weiter tun können –, da realisierte ich, daß viele Leute kommen würden und daß ich etwas Sichtbares mit dem Grab tun müßte. Daß also der Grabstein nicht nur für mich sein würde, sondern als Gedenkstein oder Symbol dort stehen müßte, damit die Leute kommen könnten, um etwas über die Ereignisse zu lesen und die Bedeutung des Ganzen zu verstehen.

Nein, es ist nicht mehr nur eine Familienangelegenheit. Es ist eine nationale Sache geworden, vielleicht sogar noch darüber hinausgehend. Die Nation Indien hatte uns im Blickfeld – und so haben wir aus der Grabstätte etwas Aufwendigeres gemacht. Ich weiß, Graham hätte das nie gewollt. Er hätte auch nicht gewollt, daß soviel Geld dafür ausgegeben würde. Aber ich wußte, daß es für einen weiteren Einzugskreis eine Bedeutung haben würde.

Andreas Rapp: *Als Missionare haben Sie sicherlich auch jahrelang für Indien gebetet, daß Gott dieses Land verändert und anrührt. Sehen Sie das Geschehene – zumindest teilweise – als Erfüllung dieses Gebets?*

Gladys Staines: Ja, das tue ich tatsächlich. Als ich letztes Jahr in Australien war, gab mir jemand eine Kassette mit einer Predigt, die Graham bei seinem Heimataufenthalt 1996 überall dort, wo er hinkam, gehalten hatte. Darin forderte er die Menschen auf, für Indien zu beten und dafür, daß jemand die Lücke und die Zerrissenheit füllen und es zu einer echten Erweckung kommen möge. Graham hatte eine echte Last für Indien. Wenn ich diese Kassette nun wieder anhöre, dann denke ich, daß sein Tod fast die buchstäbliche Erfüllung dessen war, was er gepredigt hatte.

Ob er das nun auch so sähe oder nicht, eines ist sicher: Sein Tod hat die Nation aufgewühlt. Ich weiß, daß dadurch Menschen den Herrn kennengelernt haben, die sonst durch Graham niemals dazu gekommen wären. Er lebte ja nur hier in dieser Gegend und war damit weitgehend ein Unbekannter. Und er suchte auch nie Publicity – im Gegenteil, er scheute sie. Aber durch seinen und durch der Jungen Tod ist die Missionsarbeit und auch das Wort Gottes weithin bekannt geworden.

Und es hat ganz bestimmt auch die Christen in Bewegung gebracht. Viele von ihnen sagen nun: Es ist an der Zeit, selbst aufzustehen und die Arbeit zu tun, die Graham tat. In gewisser Weise hat sein Tod also die Kirche gestärkt, und die Elemente, durch die der Teufel der Kirche zu schaden gedachte, hat Gott zu etwas völlig anderem benutzt.

Andreas Rapp: *Sehen Sie Zeichen hiervon auch in Ihrem Gebiet? Werden die Christen sichtbarer?*

Gladys Staines: In unserem Gebiet gibt es unterschiedliche Reaktionen. Einige, wie gesagt, machen sich auf und sagen: «Bislang sind immer Menschen zu uns gekommen: Graham, die Missionare, fast hundert Jahre lang – und wir haben uns zurückgelehnt und ihnen die Arbeit überlassen. Wir müssen jetzt aufstehen.» Ich kenne einige Frauen, die sich auch von Todesdrohungen nicht mehr zurückhalten lassen, sondern entschlossen sind, das zu tun, was sie von Gott als Auftrag sehen.

Auf der anderen Seite gibt es aber auch manche, die furchtsam geworden sind. Und andere, deren Glauben schwach war, sind wieder davon abgewichen. Ich denke, in gewisser Weise kann man in unserer Gegend von einem Geist der Furcht sprechen. Es gab Taufkandidaten, die ihren Vorsatz aufgegeben haben, und folglich haben wir hier bei uns selbst seither keine Taufen mehr gehabt. Wie Sie vielleicht wissen, benötigt man in Orissa eine staatliche Genehmigung, wenn man sich taufen lassen will. Man muß sich ein gerichtlich bestätigtes Dokument ausstellen lassen, welches aussagt, daß man freiwillig und ohne Zwang Christ geworden ist. Unsere Mission hat immer darauf geachtet, daß die Leute dieses Papier anfertigten und unterschrieben, aber sie haben es nicht in allen Fällen auch gerichtlich bestätigen lassen.

Andreas Rapp: *Hat diese Furchtsamkeit auch Ihre normale Arbeit auf der Station beeinträchtigt?*

Gladys Staines: Nicht wirklich. Die Leiter der christlichen Kirchen und Gemeinden haben beschlossen, die jährlichen Camps in ihrer Umgebung wie bisher durchzuführen, und es war ermutigend zu sehen, wie dies die Menschen gestärkt hat. Auch das Camp, bei welchem Graham letztes Jahr getötet worden war, wurde wieder durchgeführt. Sie hatten dort massiven Polizeischutz, da zu jenem Zeitpunkt Dara Singh noch nicht gefaßt war. Ich selbst bin nicht dorthin gegangen. Man meint ohnehin, mir jetzt überall Polizeischutz gewähren zu müssen. Aber die Camps verliefen sehr zufriedenstellend.

Andreas Rapp: *Sie schildern eindrücklich, wie Gott Sie in der Woche vor diesem schrecklichen Ereignis in Ihrer Gebetszeit vorbereitet hatte. Haben Sie ein ähnliches Reden in die jetzige Situation hinein seither auch erlebt?*

Gladys Staines: Nicht in einer außergewöhnlichen Art und Weise – mit der einen Ausnahme, daß Gott mir auftrug, keine Vergeltung zu suchen. «Rächt euch nicht selbst, Geliebte», heißt es im Römerbrief. Darüber hinaus kann ich mich an nichts erinnern. Wissen Sie, es ist seitdem so vieles geschehen. Anfänglich kamen so viele Menschen zu uns, sie kamen und kamen und kamen einfach. In der jetzigen Situation weiß ich lediglich, daß ich das Ende meiner Leistungsfähigkeit erreiche. Und ich weiß, daß Gott mir dann wieder diesen Frieden gibt. Nein, nicht Frieden – oder doch, aber auch Kraft und Mut, um mit all diesen Menschen zu sprechen, die jetzt zu uns kommen.

Andreas Rapp: *Das heißt, Sie spürten die Fürsorge Gottes für Sie selbst und Esther in diesem zurückliegenden Jahr?*

Gladys Staines: Ja. Aber auch hier sind es nicht etwa besondere Zeiten, sondern ich weiß, daß Gott da ist. Und ich weiß, daß wenn ich am Ende bin, er mir irgendwie die Kraft gibt, um weiterzumachen.

Andreas Rapp: *Unterscheidet sich dies in irgendeiner Weise davon, wie Sie das zuvor erfahren hatten?*

Gladys Staines: In gewisser Weise schon, denn bislang konnte ich mich mit Graham darüber unterhalten, und das ist nun nicht mehr der Fall. So spreche ich manchmal mit Gott oder tue manchmal einfach gar nichts; das hängt von der Situation ab oder ob ich müde bin oder unter Druck stehe.

Auf der anderen Seite zeigt doch allein die Tatsache, daß ich hier bin und mit Ihnen darüber reden und Ihnen beschreiben kann, wie Gott für mich und Esther gesorgt hat, Gottes Fürsorge. Auch für Esther, die eine solch tiefe Beziehung zum Herrn entwickelt hat. Das ist einfach gewaltig – und dafür bin ich sehr dankbar.

Ich habe auch mit anderen Frauen gesprochen, die ebenfalls ihren Mann verloren haben und mir beschrieben, wie sie spürten, daß Jesus ihr Ehemann geworden sei. Das finden wir ja auch in der Bibel. Aber ob ich mir schon genügend Zeit genommen habe, dies zu verstehen, weiß ich nicht. Ich bin sicherlich noch nicht an dem Punkt angelangt, wo ich dies von mir sagen könnte. Vielleicht auch wegen der Geschäftigkeit, in der wir seither stecken. Was ich bestimmt weiß ist, daß ich es momentan schwierig finde zu beten, wenn ich nicht mit anderen zusammen bin. Ich bete schon manchmal alleine, und ich weiß, Gott ist da, und erwarte dies auch, aber … Ich sage dann: «Gott, bitte hilf mir!» Ich hätte gerne eine persönlichere oder tiefere Beziehung zu Gott, als dies momentan der Fall ist. Aber das braucht Zeit, und ich bin häufig einfach zu müde. Andererseits – wenn ich mir die Zeit nehme, weiß ich, daß er mir Kraft gibt. Tja, ich weiß so viele Dinge …

Andreas Rapp: *Haben Sie viel Hilfe von den Behörden und den Christen vor Ort erhalten?*

Gladys Staines: Ja, sehr viel. Die örtlichen Behörden waren im großen und ganzen sehr verständnisvoll, besonders auch, was die Arbeit der Leprastation anbelangt. Einige Dinge, die Graham schon jahrelang zu verwirklichen versucht hatte, sind nun geschehen.

Andreas Rapp: *Plötzlich? Nennen Sie uns doch bitte ein Beispiel.*

Gladys Staines: Ja, plötzlich. Ein Beispiel wäre das Grundstück der Leprastation. Wir haben 14,5 Hektar Land, von denen aber nur 6,5 Hektar auch unter dem Namen der Mission registriert sind. Graham versuchte seit elf oder zwölf Jahren, die übrigen acht Hektar ebenfalls registriert zu bekommen, und tat alles mögliche dafür, aber nichts geschah. Letztes Jahr jedoch bekam ich Hilfe von einem Staatsbeamten, der auch Christ ist, aber nicht in der Region wohnt. So konnten wir die Angelegenheit gemeinsam dem Leiter der Bezirksverwaltung vorlegen und den Antrag stellen. Dieser Leiter kannte Graham noch persönlich – wir waren nur vier Tage vor Grahams Tod noch bei ihm gewesen. Er berief dann das entsprechende Komitee ein, und wir erhielten die Zustimmung. Zwar haben wir das noch nicht schriftlich vorliegen, aber die Genehmigung ist erteilt, und genau die brauchten wir, um nun das neue Hospital bauen zu können.

Andreas Rapp: *Und die Staatsregierung?*

Gladys Staines: Nun, alles, was sie taten, geschah durch die Bezirksverwaltung. Sie gaben uns ein neues Fahrzeug als Ersatz für das alte und helfen mir momentan immer noch bei der Veränderung meines Visum-Status. Bislang war ich ja als Grahams Frau im Lande und benötige nun ein eigenständiges Visum. Aber die Behörden sind dabei sehr kooperativ, und damit meine ich schon allein die Tatsache, daß man mir erlaubt hat, noch so lange im Land zu bleiben, auch ohne reguläres Visum.

Andreas Rapp: *Denken Sie, daß die R.S.S.[11] und damit auch Teile der Regierung hinter diesen Morden stehen?*

Gladys Staines: Das ist die große Frage, und sie ist sehr interessant! Die R.S.S und andere Gruppen haben ja vehement jegliche Beteiligung abgestritten. Dara Singh, der Hauptverdächtige, wurde im Januar dieses Jahres gefaßt und ist meines Wissens immer noch im Gefängnis. Nun aber hören wir, daß bestimmte Mitglieder dieser Gruppen plötzlich sehr besorgt sind über Dara Singhs juristische Unterstützung: Ganze Gruppen hochqualifizierter Anwälte werden zu seiner Verteidigung hierhergesandt, die dann bei jeder Gelegenheit für ihn Partei ergreifen. Taten sprechen oft lauter als alle Worte.

Andreas Rapp: *Haben diese politischen Gruppen in Ihrer Gegend seither weiter gegen Christen agitiert, oder ist Ruhe eingekehrt?*

Gladys Staines: Im allgemeinen ist es ruhiger geworden, obwohl ich hörte, daß in der Gegend, wo Graham getötet wurde, erneut Christen bedroht worden sind. Das ist sicherlich eine Gegend, in die mich die Polizei momentan nicht gerne gehen ließe.

Andreas Rapp: *Es gab in anderen Landesteilen seither vereinzelt Drohungen gegen Christen, in denen verklausuliert Grahams Schicksal als Warnung enthalten war. Haben Sie selbst auch so etwas gehört?*

---

11 Siehe dazu auch Kapitel 13 über politische Hintergründe

Gladys Staines: Ja, ich weiß, daß Grahams Name manchmal in Zusammenhang mit Drohungen gegen Christen gebraucht wird. Ich glaube, daß die Opposition gegen das Christentum in Indien weiter zunimmt. Wir hören immer wieder von Mißhandlungen, wie zum Beispiel gegen Mitglieder der Teams, die den JESUS-Film überall im Land zeigen. Deren Ausrüstung wird zerstört oder gestohlen, und oft werden sie verprügelt. Wir hören aber auch von schönen Erlebnissen dabei: Kürzlich kehrten zwei dieser Mitarbeiter in eines der Dörfer zurück, aus denen sie vertrieben worden waren, und wurden dort mit großer Freude von demjenigen, der ihnen am meisten widerstanden hatte, empfangen. Er erzählte ihnen dann, daß seit jenem Tag sein Bruder an starken Schmerzen in der Brust litt und die Ärzte ihm nicht helfen konnten. Dann bat er sie, für seinen Bruder zu beten. Die beiden taten dies, und der Mann wurde auf der Stelle von seinen Schmerzen befreit! Etliche der Menschen aus jenem Dorf wurden daraufhin Christen! Man sieht also, es gibt Widerstand, aber der Herr ist ebenfalls am Werk!

Andreas Rapp: *Sehen Sie den verheerenden Zyklon, der Ihren Bundesstaat Orissa im Oktober 1999 so furchtbar verwüstet hat, vielleicht als Teil eines Gerichtes Gottes?*

Gladys Staines: Dazu möchte ich keine Stellung nehmen. Ich kenne Christen, die dies so sehen und sich auch dementsprechend geäußert haben. Ich weiß nur, daß Gott in Römer 12,19 versprochen hat: «Rächt euch nicht selbst, Geliebte, sondern gebt Raum dem Zorn Gottes; denn es steht geschrieben: ‹Die Rache ist mein; ich will vergelten, spricht der Herr.›» Ob dieser Sturm nun Gericht Gottes war oder nicht, das weiß ich nicht und möchte es auch nicht beurteilen.

Ich denke, wir müssen für diejenigen, die Verfolgung oder Widerstand erleiden, beten, daß sie ihren Gegnern in der richtigen Weise begegnen können. Es ist oft die Reaktion auf Widerstand, die zu einer Veränderung des Herzens führt.

Wir haben jahrelang solche Berichte auch aus China gelesen. Dort wurde die Frage gestellt, was denn mitten in der Verfolgung das starke Wachstum der Kirche in China bewirkt habe. Die Antwort lautete: Die Christen dort waren in der Lage, ihren Verfolgern zu vergeben – denen, die sie schlugen oder töteten oder ihnen sonst etwas antaten. Und die Verfolger begegneten dabei dem Herrn.

Etwa vier Wochen, bevor Graham starb, wurden oben im Gujarat einige Christen getötet. Ich weiß noch gut, wie ich damals zu einigen unserer Mitarbeiter, die sich darüber unterhielten, sagte: «Wenn die anderen Christen dort nicht vergeben, wird daraus keine Frucht erwachsen.» Und ich sagte dies auch zu Graham – ohne zu ahnen, was mir selbst kurz darauf widerfahren sollte. Aber ganz bestimmt bewirkt unsere Reaktion auf Widerstand einen gewaltigen Unterschied!

Andreas Rapp: *Diese direkte Bedrohung ist etwas, was wir hier im Westen zwar hören, aber kaum nachvollziehen können, oder?*

Gladys Staines: Ja, ich denke auch, das ist etwas, was man sich hier kaum wird vorstellen können – und das war auch in Indien lange so. Indien hat Ausländer immer gut und mit Respekt behandelt. Auch ich konnte mir das in der Form nicht vorstellen, obwohl ich wußte, daß indische Christen diesem Problem gegenüberstehen. Auch Graham war diesem ernsten Widerstand so noch nicht begegnet, wenngleich seinen Worten oftmals widersprochen wurde. Und so meinten wir unbewußt: Das werden sie mit uns nicht tun.

Andererseits kam es dann auch nicht als totaler Schock, sondern hat mich verstehen lassen, daß wir gegen nichts immun sind.

Ich habe kürzlich im 13. Kapitel des Markusevangeliums gelesen, wie Jesus uns darauf hinweist, daß wir Verfolgung erleiden werden. Und das stimmt; das habe ich erfahren. Man weiß vorher nicht, wie man darauf reagiert, wenn es soweit ist. Hätte ich gewußt, daß ich meinen Mann und meine kleineren Kinder verlieren würde, hätte ich alles stehen und liegen lassen, um sie zu beschützen. Aber egal, was passiert: Gott gibt uns diese erstaunliche Stärke und Hilfe. Das bedeutet aber nicht, daß man den Schmerz nicht fühlen würde. Nach dem Tod hat man den ganzen Schock zu verarbeiten und alles andere auch, aber man spürt es: Gott ist da!

Andreas Rapp: *Spürt man dies auch in den bleibenden Veränderungen?*

Gladys Staines: Es gab diesen Moment, da traf es mich. Ich saß irgendwo mit Esther, und während ich mit ihr redete und sie so sitzen sah, dachte ich: «Sie ist alles, was du hast. Von dem, was deine Familie war, ist nur noch sie da.» Dann schaute ich nach vorne, in ihre Jahre als Teenager, und sah, daß sie noch einen langen Weg vor sich hat. Im jetzigen Augenblick hat sie schon noch eine sehr intensive Beziehung zu ihrem Herrn, aber später? Plötzlich tauchten gleich zwei Ängste in mir auf: zum einen, daß ich sie physisch verlieren könnte, und zum andern, wir wissen das, kann man seine Kinder auch geistlich verlieren. Ich schaute Esther an und dachte: Herr, ich möchte, daß beides nicht passiert.

Das beeinflußt auch, wie man andere Dinge sieht. Wir hören Predigten darüber, daß man sich Gott völlig ausliefern soll, und das versuche ich auch, denke ich. Wenn man aber nur noch *einen* Menschen bei sich hat, dann stellt man doch fest, daß man an ihm festhält. So muß ich auch bei den Entscheidungen, die ich jetzt treffe, darauf achten, daß sie mein Leben nicht in mögliche Gefahr bringen, denn ich habe für Esther zu sorgen – und sie ist auch alles, was ich noch habe. Ich weiß aber auch: Sollte jemals eine derartige Situation eintreffen, daß Esther allein dastünde, so würde Gott für sie sorgen. Davon bin ich einfach überzeugt!

13. Hat die gegenwärtige Christenverfolgung auch politische Wurzeln?

Die Situationsanalyse eines (anonym bleibenden) indischen Missionars und Kirchenhistorikers

Um die gegenwärtige Regierungspartei BJP als politische Partei zu verstehen, muß man die R.S.S. (Rashtria Swayam Sewak sangh) betrachten. Sie wurde 1925 in Nagpur, Maharashtra, gegründet. Ihre politische Leitlinie ist die «akhand Bharat» [Ungeteiltes Indien] und die «Hindu Rashtra» [Hindu-Nation]. Ihre Grundabsicht läßt sich aus den Schriften von M. S. Golwalker, dem Nachfolger des Parteigründers Hedgewar, gut erkennen. Er schrieb:

«Die Nicht-Hindus in Hindustan müssen die Hindu-Kultur und Sprache annehmen. Sie müssen lernen, die Hindu-Religion ehrerbietig zu achten und dürfen keine anderen Vorstellungen verfolgen, als nur die hinduistische Rasse und Kultur zu erheben. ... [Sie] mögen in diesem Land leben, völlig der Hindu-Nation untergeben, und nichts beanspruchen, keine Privilegien und auch keine bevorzugte Behandlung, nicht einmal Bürgerrechte.»

In seinen Schriften finden sich aber noch weitere Gedanken wie beispielsweise der, daß die Abschaffung der Leibeigenschaft und der Herrschaft der Fürstentümer ein Fehler war; und daß die Demokratie nicht dem indischen Denken entspreche. Oder die Ansicht, der Sozialismus sei ein ausländischer Import und die Verfassung Indiens deshalb vergiftet. Und was religiöse Minderheiten anbelangt, heißt es dort: Solange Christen und Muslime die Hindu-Kultur nicht akzeptierten, sollten sie nicht als Freunde betrachtet werden.

Ein Anhänger der R.S.S., Kotche, verübte zusammen mit einigen anderen jungen Männern das Attentat auf Mahatma Gandhi im Jahr 1948 im Glauben, daß dessen Sache *gegen* die Interessen der Hindu-Nation sei. Daraufhin wurde die R.S.S. von der Regierung verboten – ein erstes Mal, dem noch weitere Verbote folgen sollten. Während der Zeit des Premierministers Jawaharlal Nehru wurde dann die «Jana sangh»-Partei gegründet, mit dem Ziel, die R.S.S. politisch zu unterstützen und hoffähig zu machen. Nehru erkannte die Gefahr des Nationalismus – und er war es auch, der einst sagte: «Die Christen aus dem Land zu werfen wäre, als ob wir dem Land ein Auge ausreißen würden.»

Später begannen junge Aktivisten aus dem Umfeld der R.S.S. eine weitere politische Partei zu führen. Zu ihnen gehörte der derzeitige Premierminister Vajpayee. Sie gewannen mit der bereits existierenden «Jana sangh»-Partei zusammen erstmals größeren Einfluß bei Wahlen, und schließlich ging daraus im Jahr 1980 die B.J.P.[1] hervor. Viele von ihren Mitgliedern haben – offen oder versteckt – ihre Wurzeln in der R.S.S., die sich heute aus 53 verschiedenen Gruppierungen zusammensetzt. Darunter befindet sich auch die «Bagrangthal»-Gruppe, zu der Dara Singh, der mutmaßliche Mörder von Graham Staines, enge Kontakte hatte.

Die R.S.S. agitiert heute auch international, mutmaßlich in 46 Ländern. Von Anfang an wuchs sie stetig, bis sie mittlerweile, in Koalition mit anderen Parteien, die Regierungskontrolle übernommen hat. Was eines Tages mit indischen Christen geschehen wird, sollte sie in zukünftigen Wahlen die absolute Mehrheit erringen, das wissen wir nicht.

---

1 Bharatiya Janata Partei